GRIFFITH JONES, LLANDDOWROR: ATHRO CENEDL

Eglwys Llanddowror

Griffith Jones, Llanddowror
Athro Cenedl

Gwyn Davies

GWASG EFENGYLAIDD CYMRU

© Gwasg Efengylaidd Cymru, 1984
Argraffiad cyntaf 1984
ISBN 1 85049 001 5

Y clawr: 'Sir Gaerfyrddin yn Oes Griffith Jones': map gan Robert Morden (m. 1703) a gyhoeddwyd ym 1701 (trwy garedigrwydd Llyfrgell Salisbury).

Cyhoeddwyd gan Wasg Efengylaidd Cymru, Bryntirion
Pen-y-bont ar Ogwr, Morgannwg Ganol, CF31 4DX
Argraffwyd gan Bridgend Printing Co., Pen-y-bont ar Ogwr

Cynnwys

Lluniau	7
Rhagair	9
Cychwyn	11
Cymru v. Yr India	17
Pregethu'r Gair	25
Ai Holi yw'r Ateb?	37
Gorau Dysg, Dysg Duw	43
Wynebu Gwrthwynebiad	59
Lleufer Dyn yw Llyfr Da	69
'Ye Methodist Pope, Llanddowror'	79
Rhwyg	87
Deall y Dyn	95
Cloriannu	107
Cyfeiriadau	113

Lluniau

Eglwys Llanddowror   *Wynebddarlun*
(Rhiain Davies)

Castell Pictwn (1779)   8
(trwy garedigrwydd Llyfrgell Salisbury)

Gwlad Griffith Jones   14
(Christine James)

Wyneb-ddalen *Llythyr Ynghylch y Ddyledswydd*   36
o Gateceisio Plant a Phobl Anwybodus (1749)
(trwy garedigrwydd Llyfrgell Salisbury)

Mapiau yn dangos lleoliad Ysgolion Cylchynol
Griffith Jones:
   (a) 1740-1   (b) 1741-2   48
   (c) 1746-7   (ch) 1756-7   49

     (o *An Historical Atlas of Wales* gan William Rees, gyda chaniatâd
     caredig y cyhoeddwyr, Faber & Faber)

Wyneb-ddalen *Welsh Piety* (1740)   62
(trwy garedigrwydd Llyfrgell Salisbury)

Wyneb-ddalen *Drych Difinyddiaeth* (1748)   76
(trwy garedigrwydd Llyfrgell Salisbury)

Syr John Philipps (1666?-1737), Castell Pictwn   84
(trwy garedigrwydd Llyfrgell Genedlaethol Cymru)

Madam Bridget Bevan (1698-1779), Talacharn   98
(trwy garedigrwydd Llyfrgell Genedlaethol Cymru)

Castell Pictwn: ysgythriad William Watts (1752-1851) o lun gan ei athro, yr arlunydd enwog Paul Sanby (1725-1809). Cyhoeddwyd yr ysgythriad ym 1779.

Rhagair

Ymgais yw'r llyfr hwn i ddwyn Griffith Jones unwaith eto i sylw'r Cymry. Ni ddylai fod angen hynny mewn gwirionedd, ac yntau'n cael ei gydnabod ar bob llaw fel un o gymwynaswyr mwyaf ein cenedl. Ond mae'n rhyfedd meddwl cyn lleied a ysgrifennwyd amdano yn Gymraeg dros yr hanner can mlynedd diwethaf. Dyma geisio llenwi'r bwlch, felly, rhag i'n cenhedlaeth ni anghofio neu anwybyddu arwyddocâd ei gyfraniad i'n hanes.

Gwaith gorchestol Griffith Jones ym myd addysg sydd wedi cael y sylw mwyaf dros y blynyddoedd—ac fe haedda bob gronyn ohono. Ond Cristion oedd Griffith Jones yn bennaf oll: ffrwyth ei awydd i wasanaethu Iesu Grist oedd y cyfan a gyflawnodd trwy ei ysgolion cylchynol. Yn y llyfr hwn ceisir rhoi sylw priodol i'r wedd grefyddol hon ar ei weithgarwch, oherwydd dyma yn sicr yr allwedd i ddeall gwir arwyddocâd y dyn a'i waith.

Cymro glân oedd Griffith Jones, ac yr oedd yn barod iawn i hybu ac i amddiffyn yr iaith Gymraeg. Ond am ei fod yn awyddus i ddwyn gwaith yr ysgolion i sylw rhai a fyddai'n barod i'w gynnal yn ariannol, a'r rheini bron yn ddieithriad yn ddi-Gymraeg, yn Saesneg yr ysgrifennodd lawer o'r pethau sydd o ddiddordeb hanesyddol. Yn Saesneg hefyd yr ysgrifennodd cyfeillion a gelynion fel ei gilydd amdano. Yn y gyfrol hon troswyd y rhan fwyaf o'r dyfyniadau o'r gweithiau hyn i'r Gymraeg; ond cadwyd at y Saesneg mewn ambell fan lle mae'r iaith wreiddiol yn arbennig o liwgar. Diweddarwyd sillafu ac atalnodi dyfyniadau ryw ychydig er hwylustod i'r darllenydd modern.

Tamaid i aros pryd yw'r gyfrol hon mewn gwirionedd: crynodeb a dehongliad o'r hyn sydd eisoes yn hysbys am Griffith Jones yn hytrach na ffrwyth ymchwiliad manwl i bob agwedd arno. Mae'r gwaith pwysig hwnnw yn cael ei gyflawni ar hyn o bryd gan fy nghyfaill Mr. Emlyn Dole, ac edrychaf ymlaen yn eiddgar at weld cyfrol orffenedig ganddo a fydd yn cyflwyno canlyniadau ei ymchwil. Yr wyf yn ddiolchgar iddo am ei sylwadau ar ddrafft o'r llyfr hwn; ac yn yr un modd hoffwn gydnabod fy nyled i'r Athro Bobi Jones a'r Dr. Geraint H. Jenkins am eu hawgrymiadau gwerthfawr. Yn ôl eu harfer, bu staff Llyfrgell Coleg Prifysgol Cymru, Aberystwyth—Mr. Elgan Davies yn enwedig—yn barod iawn eu cymwynas. Felly hefyd staff Llyfrgell Genedlaethol Cymru; dylwn gydnabod yn arbennig barodrwydd Dr. Geraint Gruffydd i ganiatáu cynnwys lluniau sydd yng nghasgliad y Llyfrgell. Yn yr un cyswllt hwylusodd Mr. Gareth W. Jones o Lyfrgell Dyfed a Mr. Brian Ll. James o Lyfrgell Salisbury, Coleg y Brifysgol Caerdydd, y trefniadau ar gyfer sicrhau rhai o'r lluniau a ddefnyddir yma. Dymunaf ddiolch i Mr. Walford Davies am ei anogaeth garedig, i Mrs. Myfanwy Evans am deipio'r cyfan mor ddestlus, i Miss Mair Jones am ei chysodi graenus, i'r argraffwyr hwythau, ac i Mr. Wyn James o Wasg Efengylaidd Cymru am bob cymorth. Ac, wrth gwrs, i'm gwraig a'm plant am eu hamynedd wrth groesawu Griffith Jones yn ymwelydd cyson â'r aelwyd. Mae'n bleser gennyf adrodd ei fod yn gwmni dymunol iawn.

Cychwyn

Claddwyd y Parchedig Mr. Griffith Jones (rheithor teilwng, duwiol, elusengar, a ffyddlon y plwyf hwn am 45 o flynyddoedd, gweinidog Llandeilo Abercywyn am 50 o flynyddoedd) Ebrill 11eg. N.B. Fe'i bedyddiwyd yn Eglwys Cilrhedyn, Dydd Calan Mai, 1684; fe'i hordeiniwyd yn ddiacon Medi 19eg, 1708. Fe'i hordeiniwyd yn offeiriad Medi 25ain, 1709. Dyrchafwyd i Landeilo Gorffennaf 3ydd, 1711. Dyrchafwyd i Landdowror Gorffennaf 27ain, 1716. Bu farw Ebrill 8fed, 1761. Yn 77 oed.

A dyna'n syml fywyd Griffith Jones, Llanddowror, yn ôl cofrestr claddedigaethau eglwys y plwyf hwnnw. Wrth gwrs, nid yw'r amlinelliad bras hwn yn dweud hanner digon am Griffith Jones ei hun, ond o leiaf cawn yma ryw gymorth tuag at ddeall i ba gyfnod y mae'n perthyn, ym mha ardaloedd y bu'n byw, a pha fath ddyn ydoedd. Cawn ddigon o gyfle maes o law i roi ychydig o gnawd ar yr esgyrn hyn. [1]

Yn anffodus, nid yw'r manylion uchod yn nodi dyddiad ei eni. Gan ei fod yn 77 oed wrth farw ar 8 Ebrill 1761, mae'n amlwg iddo gael ei eni rhwng 9 Ebrill 1683 ac 8 Ebrill 1684. Er mai 1683 yw'r flwyddyn a dderbynnir fel arfer, mae'n ddigon tebygol mai yn nechrau 1684 y'i ganwyd mewn gwirionedd. Ond bid a fo am hynny, ar Galan Mai 1684 bedyddiwyd Griffith Jones. Datganwyd yn glir hen eiriau'r Llyfr Gweddi Gyffredin:

Yr ydym ni yn derbyn y plentyn hwn i gynulleidfa defaid Crist, ac yn ei nodi ef ag arwydd y grog; yn arwyddocâd na bo iddo rhag llaw gymryd yn gywilydd gyffesu Ffydd Grist a groeshoeliwyd, ac iddo ymladd yn wrol dan ei faner ef, yn

11

erbyn pechod, y byd, a'r cythraul; a pharhau yn filwr ffyddlon
ac yn was i Grist holl dyddiau ei einioes. Amen.

Yn achos y baban hwn, o leiaf, cyflawnwyd y geiriau hyn y tu
hwnt i bob disgwyl.

I ba fath fyd y daeth y baban newydd? Nid oedd tawelwch
a llonyddwch eglwys ddiarffordd Cilrhedyn yn nodweddiadol
o gyflwr Prydain ar y pryd. Siarl II oedd Brenin Lloegr er
1660, ond nid oedd y cof am deyrnasiad trychinebus ei dad,
Siarl I, na'r Rhyfel Cartref, na chyfnod Oliver Cromwell, a'i
gefnogwyr, wedi pallu'n llwyr. Ni ellid honni fod teyrnasiad
Siarl II ei hun yn un tangnefeddus chwaith. Oherwydd
gwrthwynebiad y Senedd iddo, aeth ati fwyfwy i grynhoi a
chadw awdurdod yn ei ddwylo ei hun. O 1681 ymlaen ni
welodd Siarl yn dda i alw'r Senedd o gwbl. Flwyddyn cyn
bedyddio Griffith Jones bu ymgais i ladd Siarl a'i frawd Iago.
Naw mis wedi'r bedydd bu Siarl farw, a daeth Iago yn frenin
—ond am dair blynedd yn unig. Yr oedd ei gydymdeimlad
amlwg â Phabyddiaeth, ei agwedd ddirmygus tuag at y
Senedd, a'i awydd am fyddin gryfach i'w gefnogi, yn peri
braw i lawer. Yn haf 1685 ceisiodd Dug Mynwy gipio'r
orsedd, ond methu a wnaeth. Erbyn 1688, fodd bynnag,
penderfynodd nifer o'r uchelwyr pennaf wahodd y Tywysog
Gwilym o'r Iseldiroedd, a oedd yn briod â merch Iago, i fod
yn frenin yn lle ei dad-yng-nghyfraith. Pan laniodd Gwilym
yn Nhachwedd 1688, ffodd Iago—a daeth adeg o dawelwch
cymharol o'r diwedd wedi cyfnod cythryblus o dros hanner
can mlynedd.

Yr oedd i'r digwyddiadau hyn i gyd eu hadleisiau yng
Nghymru. Bu tipyn o ymladd yng Nghymru yn ystod y Rhyfel
Cartref, a chryn ddwyn a dinistrio eiddo, yn enwedig gan
fyddinoedd Siarl I. Ond at ei gilydd cafodd Siarl II ddigon o
groeso gan y Cymry, gan nad oedd i Biwritaniaeth wreiddiau
dyfnion yn y tir. Arhosai'r uchelwyr Cymreig yn ffyddlon
hyd yn oed i Iago II, a bach iawn ar y cychwyn oedd eu
brwdfrydedd dros groesawu Gwilym yn ei le. Yr un pryd, yr
oedd newidiadau o bwys yn dechrau cerdded tir Cymru.
Tueddai'r tirfeddianwyr mawrion gael eu bachu fwyfwy gan

atyniadau Llundain, gan gefnu o dipyn i beth ar eu
Cymreictod. Ar y llaw arall, ar ôl adferiad Siarl II ym 1660—
ac yn ôl pob tebyg am gryn amser cyn hynny hefyd—yr oedd
amgylchiadau'r mân uchelwyr yn mynd o ddrwg i waeth, o
ran cyfoeth ac o ran dylanwad. Yr oedd Cymru'n graddol
golli ei harweinwyr naturiol ymhlith yr uchelwyr; ond trwy
ymdrechion Griffith Jones deuai cenedlaethau newyddion o
arweinwyr, o safle cymdeithasol tra gwahanol, i gymryd eu
lle. [2]

Pan anwyd Griffith Jones, gwlad amaethyddol oedd
Cymru, gwlad heb weld eto'r datblygiadau diwydiannol ar
raddfa fawr. Yr oedd hyn yn arbennig o wir am ardal ei eni—
gogledd Sir Gaerfyrddin, lle mae'r rhostir uchel yn dechrau
nesáu at borfeydd brasach Dyffryn Teifi. Fe'i bedyddiwyd yn
eglwys plwyf Cilrhedyn, sy'n rhannol yn Sir Benfro, am fod
gan ei deulu gysylltiadau agos iawn â'r plwyf hwnnw; ond ym
mhlwyf cyfagos Pen-boyr yr oedd cartref ei rieni mewn
gwirionedd, sef fferm Pantyrefel. Agorwyd llawer o ffatrï-
oedd gwlân yn yr ardal hon yn y ganrif ddiwethaf, ac mae sôn
am wehyddion ym mhlwyf Pen-boyr cyn geni Griffith Jones,
ond y tir oedd sylfaen bywoliaeth y rhan fwyaf o'r trigolion
yn y cyfnod hwnnw. Yr unig 'ddiwydiant' arall o bwys yn y
cylch oedd turnio coed, crefft a drosglwyddid o-dad-i-dad ac
a oedd yn fyw yng Nghwm Cuch hyd yn ddiweddar. [3]

Ychydig iawn a wyddom am deulu Griffith Jones.
Gwyddom mai John ap Griffith oedd enw ei dad, mai Elinor
John oedd enw ei fam, a bod ganddynt dri mab arall—James,
Thomas, a David—i gyd yn hŷn na Griffith. Ffermwyr
oeddynt, ac ymddengys i'r teulu hanu o dras digon
cyfforddus o ran cyfoeth ac eiddo. Ym 1684, fodd bynnag, bu
farw ei dad—ddeufis cyn bedyddio Griffith Jones. Mae'n sicr
fod y golled hon wedi creu cwlwm arbennig rhwng y fam a'i
mab ieuaf. Hyd yn oed ym 1712 dywedir ei bod hi 'â gofal
mawr drosto'. Efallai mai'r cwlwm hwn a fu'n gyfrifol am ei
pharodrwydd i sicrhau addysg dda iddo trwy ei ddanfon i
ysgol wledig ac yna ymlaen i Ysgol Ramadeg y Frenhines
Elisabeth yng Nghaerfyrddin, lle'r amlygai gryn allu mewn
Lladin a Groeg ymhlith pynciau eraill. [4]

13

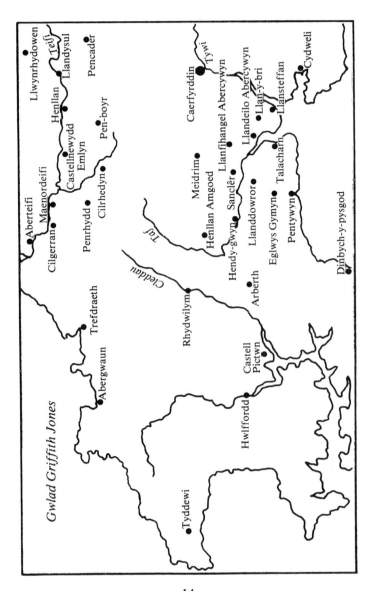

Gwlad Griffith Jones

Llwynrhydowen
Llandysul
Pencader
Teifi
Henllan
Castellnewydd Emlyn
Pen-boyr
Maenordeifi
Aberteifi
Cilhedyn
Cilgerran
Penrhydd
Tâf
Cleddau
Trefdraeth
Rhydwilym
Abergwaun
Castell Pictwn
Hwlffordd
Tyddewi

Caerfyrddin
Tywi
Llanfihangel Abercywyn
Llandeilo Abercywyn
Llan-y-bri
Llansteffan
Cydweli
Meidrim
Henllan Amgoed
Sanclêr
Hendy-gwyn
Llanddowror
Talacharn
Eglwys Gymyn
Pentywyn
Dinbych-y-pysgod
Arberth

14

Ond nid dyna unig ddylanwad Elinor John ar ei mab ieuaf. Yn ôl pob sôn, pobl dduwiol oedd hi a'i gŵr, ac fe dyfodd Griffith Jones ar aelwyd lle'r oedd ofn Duw yn realiti byw. Honna un o'i elynion mai Ymneilltuwyr oedd ei rieni, ond Eglwyswr oedd ei dad yn ddiamau: yn ei ewyllys gadawodd 4s. i eglwys gadeiriol Tyddewi a 2s. i eglwys Cilrhedyn.[5] Ymddengys mai Eglwyswraig oedd ei fam hefyd, oherwydd yn nes ymlaen gwelwn ef yn galaru am wrthod caniatâd iddo bregethu yn eglwys ei blwyf genedigol, er iddo ddymuno hynny 'am fod fy rhiant yno'. Serch hyn i gyd, efallai fod y cyhuddiad o fod yn Ymneilltuwyr—'o ryw sect neu'i gilydd o'r Anabaptistiaid'—yn adlewyrchu rhyw enw a oedd ganddynt am dduwioldeb neu sêl dros grefydd. Pan gododd y posibilrwydd yr âi Griffith Jones yn genhadwr i'r India, ac y byddai hi'n ei golli am byth, 'yr oedd hi eto yn ei roi'n ewyllysgar yn llaw Rhagluniaeth' yw'r hyn a ddywedir am ei fam.[6]

Honna John Evans, gelyn mawr Griffith Jones, mai bachgen drygionus a diog ydoedd, ac mai'r hyn a'i trodd i ymddiddori mewn pethau crefyddol oedd gweledigaeth—gweledigaeth tra cysgai pan ddylasai fod yn gofalu am y defaid ar y fferm. Tystiolaeth cyfeillion Griffith Jones, ar y llaw arall, yw iddo efelychu duwioldeb ei fam o'i febyd. Tra oedd yn yr ysgol, er enghraifft, fe'i nodweddid gan agwedd sobr a difrifol, a diddordeb mawr mewn pethau crefyddol. Ond efallai nad yw'r honiad am weledigaeth yn hollol ddi-sail, chwaith. Bwriad John Evans wrth sôn amdani oedd pardduo Griffith Jones trwy ei gysylltu ag elfennau eithafol a ffanaticaidd crefydd. Fel y dangosodd Griffith Jones ei hun yn ddigon eglur yn ystod y blynyddoedd wedyn, nid oedd ganddo gydymdeimlad o gwbl â'r elfennau hyn. Serch hynny, er bod *ffaith* y weledigaeth yn amheus, mae ei *sylwedd* yn ddigon tebygol o fod yn wir. Daeth angel at Griffith Jones gan gyhoeddi (yn Saesneg dychanol John Evans)

that it was one of the everlasting decrees of the Almighty, whereby he had disposed of every thing, from the foundation of the world, that Mr. Griffith Jones was to be a chosen vessel

15

to bear his name, a peculiar instrument for rescuing many souls that were now far gone on their way to that place of torment; and to fetch them back to that bliss and glory, which no eye but Mr. Jones's had seen since St Paul's.

Ni ddaeth gweledigaeth, efallai; ni ddaeth angel; ond *fe* lanwyd calon Griffith Jones ag awydd ysol i weld achubiaeth ei gyd-ddynion. Ei hapusrwydd mwyaf, a'r anrhydedd uchaf y gallai synio amdano, meddai, oedd cael cymryd rhan yn y gwaith o hyrwyddo teyrnas Crist—'i wneud y cyfan sy'n ymarferol er mwyn dwyn y caethion truenus allan o'r tywyllwch gofidus i mewn i oleuni iachusol rhyfeddol, fel y caent fwynhau canlyniadau anhraethol ddaionus ei angau a'i ddioddefaint.' [7]

Ar ryw olwg, gweddill ei hanes yw'r gwahanol ffyrdd yr aeth ati i gyrraedd y diben hwn. Yr oedd Griffith Jones wedi cael ei aileni, yr oedd wedi dod i gredu yng Nghrist fel Gwaredwr ac fel Arglwydd—er na wyddom y manylion penodol yn ei achos ef ei hun—ac yn syml iawn, yr oedd am i eraill ddod i'r un fan, profi'r un iachawdwriaeth, rhannu'r un hyder yn wyneb tragwyddoldeb. Dyn ymarferol iawn ydoedd: ei hyfrydwch mawr oedd dyfeisio dulliau priodol o gyflawni'r bwriad hwn. Un dull oedd sefydlu ysgolion i ddysgu'r werin beth yn union oedd gwir grefydd. Ond nid yr ysgolion oedd yn bwysig iddo: yn hytrach, yr elfen grefyddol, yr elfen o efengylu, yr elfen o oleuo meddyliau a chalonnau tywyll oedd y prif nod i anelu ato. Felly hefyd gyda phob peth arall a wnaeth. Yr oedd John Evans yn llygad ei le wrth honni fod Griffith Jones wedi cael ei alw i fod yn 'offeryn neilltuol ar gyfer achub eneidiau lawer oedd wedi mynd ymhell ar y llwybr i'r lle hwnnw o boenedigaeth'. Yng ngweddill y llyfr hwn rhown sylw i sut yr ymgymerodd â'r gwaith hwnnw.

Cymru v. Yr India

Y cam cyntaf ar y ffordd i fod yn offeryn yn llaw Duw i achub ei gyd-wladwyr oedd mynd yn weinidog yr efengyl. Yn Eglwys Loegr yr oedd gwreiddiau ysbrydol teulu Griffith Jones, ac o fewn yr eglwys honno yr arhosodd yntau ar hyd ei oes. Fe'i hurddwyd yn ddiacon ym 1708, ac yn offeiriad flwyddyn yn ddiweddarach. Yn ôl John Evans, ei elyn mawr, nid heb gryn drafferth y llwyddodd Griffith Jones i gael ei ordeinio, ond nid oes dim tystiolaeth arall i gadarnhau'r gosodiad hwn. Ac yntau'n 25 mlwydd oed, yr oedd mewn ffordd i gychwyn ar ei weinidogaeth gyhoeddus.[8]

Yr oedd mawr angen am weinidogaeth ysbrydol, gadarn, rymus yng Nghymru ar ddechrau'r ddeunawfed ganrif. Mae'n wir fod cryn ymgais i gwrdd ag anghenion ysbrydol y wlad o 1660 ymlaen. Pregethu gwell a mwy cyson, twf amlwg mewn argraffu Beiblau a llyfrau defosiynol, pwyslais cynyddol ar foesoldeb Cristnogol—yr oedd y rhain i gyd i'w gweld yn fwyfwy eglur dros y cyfnod hwn.[9] Ond wedi cydnabod hyn, mae'n rhaid ychwanegu mai digon arwynebol oedd dylanwad yr holl ymdrechion yma ar drwch y boblogaeth, ac yn enwedig ar y dosbarthiadau isaf. Yr oedd Griffith Jones ei hun yn galaru oherwydd cyn lleied oedd y dylanwad hwn. Ym 1715, o fewn ychydig o flynyddoedd i'w ordeinio, soniodd wrth ei esgob am 'y trueni anhraethol y mae miloedd o eneidiau yn gorwedd yn llesg ynddo', gan eu bod yn 'ddieithriaid hollol i Grist a'i efengyl, heb wybod na'r Deg Gorchymyn na Gweddi'r Arglwydd'.[10] Ac er ei holl ymdrechion i wella'r sefyllfa, daw yn ôl dro ar ôl tro at yr anwybodaeth arswydus ynghylch pethau ysbrydol ymhlith y werin a'r angen dybryd i'r Eglwys ymysgwyd o'i chwsg er mwyn symud y tywyllwch hwn.

Byddai rhai'n ystyried ei fod yn orbesimistaidd yn hyn o beth, ond nid efô oedd yr unig Eglwyswr i ofidio am gyflwr yr Eglwys. Ym 1721 ysgrifennodd Erasmus Saunders *A View of the State of Religion in the Diocese of St. David's* (sef esgobaeth Griffith Jones) i gwyno'n arbennig am y sefyllfa yno. Mae'n wir fod elfen o bwdu yng nghyhuddiadau Saunders am wrthod swydd esgob iddo, ac ni ddylid derbyn ei ddisgrifiad yn ddigwestiwn, felly; ond ni ellir anwybyddu pob un o'i osodiadau chwaith. Yr oedd yr esgobaeth, meddai, yn druenus o dlawd. O ganlyniad, gorfu i'r offeiriaid gymryd gofal mwy nag un plwyf er mwyn sicrhau digon o arian i'w cynnal. O ganlyniad eto, gan na fedrai'r offeiriaid hyn fyw mewn mwy nag un plwyf ar y tro, rhaid oedd cael gwasanaeth curad—anghymwys i'r gwaith, yn aml iawn—neu adael y plwyf arall (neu blwyfi eraill) heb weinidog a heb wasanaeth. Nid oedd penodi esgobion ac offeiriaid di-Gymraeg— arferiad digon cyffredin—yn gwella dim ar bethau. Ac yr oedd Saunders yn ddigon parod i dynnu sylw at lygredd, mawr a mân, o fewn y llysoedd eglwysig. 'Mae athrawiaethau'r Diwygiad Protestannaidd, a gychwynnodd ryw ddau gan mlynedd yn ôl yn Lloegr, heb ein cyrraedd ni'n effeithiol eto', oedd ei gasgliad trist am rannau tywyllaf yr esgobaeth.[11]

Er bod y sefyllfa rhywfaint yn well yn yr esgobaethau Cymreig eraill, yr oedd digon o sylwedd yn y casgliad hwn ynghylch dylanwad Protestaniaeth ar y werin. Gwaetha'r modd, nid oedd llewyrch mawr ymhlith yr Ymneilltuwyr chwaith. Erbyn dyddiad geni Griffith Jones darfuasai am genhedlaeth y mawrion Piwritanaidd yn Lloegr, ac erbyn dyddiad ei ordeinio yr oedd daliadau Arminaidd, onid Undodaidd, ar gynnydd mewn llawer o gynulleidfaoedd Ymneilltuol yng Nghymru. Ni sefydlwyd cynulleidfa Ymneilltuol yma tan 1639 (sef honno yn Llanfaches, Gwent); er gwaethaf ymdrechion glew Walter Cradoc, Vavasor Powell, Morgan Llwyd, a'u cyfeillion yng nghanol yr ail ganrif ar bymtheg, bach iawn oedd eu dylanwad arhosol ar y genedl gyfan. Bu'r erlid dan Siarl II yn brawf llym ar yr eglwysi bychain, a phan ddaeth llonyddwch o'r diwedd daeth hefyd duedd i'r brwdfrydedd oeri, i'r ymgecru gynhesu, ac i'r ysbryd cenhadol ddiflannu. Gellir enwi unigolion hynod ac eglwysi llewyrchus yn eu plith; ond mudiad bach, deheuol yn bennaf, a digon dieffaith oedd yr Hen Ymneilltuaeth yng Nghymru pan gychwynnodd Griffith Jones ar ei yrfa gyhoeddus.[12]

Nid oedd llawer i godi calon y clerigwr ifanc, felly, wrth ddechrau ymateb i'w alwad nefol. Treuliodd flwyddyn fel diacon yn eglwys Pen-bryn, rhwng Aber-porth a Llangrannog yng ngodre Ceredigion; yna, ym 1709, daeth yn gurad i eglwys Penrhydd (*Penrith*), ger Boncath yng ngogledd Penfro. Dywed nifer o awduron mai i hen gynefin ei deulu yng Nghilrhedyn y'i penodwyd yn gurad, ond dengys cofnodion swyddogol esgobaeth Tyddewi mai plwyf cyfagos Penrhydd oedd maes ei lafur. Nid yn hir y bu yno chwaith. Ymhen llai na blwyddyn, yn ôl pob tebyg, symudodd i Dalacharn yng ngwaelod Sir Gâr, man a oedd i ddod yn enwog oherwydd ei chysylltiadau â Dylan Thomas ond a oedd namyn pentref bach glan-y-môr ar ddechrau'r ddeunawfed ganrif. Erbyn Gorffennaf 1711 yr oedd Griffith Jones yn gurad hefyd ar Landeilo Abercywyn, plwyf gwledig, di-arffordd, rhwng Sanclêr a Llansteffan, ond yn Nhalacharn y trigai.[13]

Yr ardal hardd hon oedd i fod yn gartref iddo ac yn faes ei weinidogaeth uniongyrchol am weddill ei oes, er iddo symud i Landdowror, yr ochr orllewinol i Sanclêr, ym 1716. Ond bu o fewn dim i symud llawer iawn ymhellach. Ar 24 Hydref 1712 ysgrifennodd Syr John Philipps, Castell Pictwn, Sir Benfro, at y Gymdeithas er Taenu Gwybodaeth Gristionogol (SPCK) yn Llundain i'w hysbysu fod gan glerigwr ifanc 'o'r enw Jones' ddiddordeb mewn mynd i Tranquebar yn yr India, a'i fod am gael gafael ar lyfr a fyddai'n ei helpu i feistroli iaith Portiwgal, sef yr iaith a siaredid yno. Yr oedd gwaith cenhadol yn mynd ymlaen yn Tranquebar ar y pryd dan nawdd Cenhadaeth Denmarc i India'r Dwyrain (*Danish East India Mission*). Sefydlwyd y genhadaeth gan y Brenin

Frederick o Denmarc, a chyrhaeddodd y cenhadon cyntaf ym 1705, 88 mlynedd cyn dyfodiad mwy adnabyddus William Carey yno. O'r cychwyn cyntaf dangosodd yr SPCK gryn ddiddordeb yng ngwaith y genhadaeth, ac yn ôl pob tebyg bu cysylltiad Syr John Philipps â'r SPCK yn gyfrwng i ddod â'r fenter i sylw'r curad ifanc.[14]

Cynigiodd yr SPCK y gallai Griffith Jones fynd i India'r Dwyrain yn ysgolfeistr. Ni frysiodd i dderbyn y cynnig, gan fod yn ymwybodol ei bod yn 'ymddiriedaeth gymaint'. Tra oedd yn myfyrio ac yn gweddïo ynghylch y gwahoddiad, aeth ati i ddysgu Sbaeneg er mwyn hwyluso dysgu iaith Portiwgal maes o law. Yr oedd llongau i fod i gychwyn am yr India ar ddechrau 1713 ond penderfynodd yr SPCK nad oedd danfon Griffith Jones arnynt yn ymarferol ar y pryd, a derbyniodd y darpar-genhadwr eu penderfyniad yn ddirwgnach. Efallai i Griffith Jones weld llaw rhagluniaeth yn yr oedi hwn. Yr hyn sy'n sicr yw'r croesdynnu yn ei galon ei hun rhwng ei awydd am gael gwasanaethu ei Arglwydd, ei ymwybyddiaeth o'i ddiffygion personol, a'i graffu ar yr angen difrifol o'i amgylch yng Nghymru. Ysgrifennodd at yr SPCK eto ar 29 Mai 1713, gan gyfaddef ei benbleth oherwydd y croesdynnu hwn ond ei barodrwydd i ddisgwyl wrth Dduw ac i ymddiried yn ei ragluniaeth ddoeth.[15]

Gohiriwyd penderfyniad am ychydig eto, ond ar 13 Gorffennaf 1713 aeth Griffith Jones gerbron pwyllgor yr SPCK yn Llundain, ac yno fe'i gwahoddwyd yn ffurfiol i fod yn genhadwr ac yn ysgolfeistr dan nawdd y Genhadaeth i India'r Dwyrain. Yn ôl pob golwg, hwn oedd y tro cyntaf iddo deithio i Lundain, a digon naturiol fyddai i'r gŵr ifanc o gefn gwlad Cymru deimlo braidd yn betrus wrth ymddangos o flaen dynion addysgiedig a dylanwadol. Petai'n ymwybodol o'r ffaith mai ef fuasai'r cenhadwr Protestannaidd cyntaf i fynd o Brydain i'r Dwyrain, mae'n debyg y buasai'n fwy petrus fyth. Ond pwysicach o lawer iddo oedd arweiniad Duw, ac yr oedd Duw fel petai'n codi rhwystrau. Yn un peth, nid oedd David Lloyd, ei gydymaith arfaethedig, bellach yn rhydd i fynd. Yn beth arall, adroddodd fod 'y bobl yr oedd ef wedi bod i ryw raddau o ddefnydd iddynt [yn ôl yng

Nghymru] yn ofnus rhag cael eu gadael yn amddifad o arweinydd ysbrydol petai ef yn ymadael â hwy'. Efallai hefyd fod gwendid ei iechyd ei hun yn peri gofid iddo wrth feddwl am fentro i wlad dramor. Mae'n amlwg i'r SPCK ei drin â phob hynawsedd yn ystod y cyfnod ansicr hwn, gan roi cyngor doeth a charedig iddo. Ond erbyn 22 Tachwedd 1713 teimlodd fod rheidrwydd arno i beidio â derbyn y gwahoddiad wedi'r cwbl. A'r rheswm am y penderfyniad? 'Y rhagolygon a oedd ganddo o gyflawni mwy o wasanaeth yn ei wlad enedigol nag y gall gynnig ei wneud mewn gwlad dramor.'[16]

Mae'n amlwg fod rhywrai wedi bod yn pwyso ar Griffith Jones i aros yng Nghymru ac i ymroi â'i holl egni i gwrdd ag angen ysbrydol ei wlad enedigol. Tra oedd Griffith Jones yn ceisio arweiniad ynghylch mynd i'r India, ysgrifennodd ei gyfaill John Dalton at yr SPCK ar 25 Chwefror 1713 yn crefu arnynt i benodi'r curad ifanc yn Genhadwr Cartref. Dyma weledigaeth Dalton:

> Ymddengys i mi, petai modd cael trwydded i Mr. Jones bregethu mewn unrhyw eglwys . . ., gallai'r daioni a wneid gan ei bregethu fod y tu hwnt i bob amgyffred, ac yn gyfrwng i ddeffro nid yn unig y clerigwyr cysglyd ond hefyd eu pobl allan o'r cwsg marwaidd hwnnw y maent i bob golwg ynddo yn awr. Mae ei ddiwydrwydd anghyffredin wedi peri symud amlwg ymhlith rhai eraill o'n clerigwyr gan eu dwyn i wella eu ffyrdd o ran y gwaith mawr sydd ganddynt mewn llaw.

Nid oedd Dalton am golli dyn a oedd wedi amlygu cymaint o ddiwydrwydd a sêl. Ac efallai mai ei sylweddoliad fod rhyw waith eisoes wedi cychwyn, rhyw faich eisoes wedi disgyn ar ei ysgwyddau ifainc, rhyw symudiad eisoes ar gerdded, a gymhellodd Griffith Jones yn y diwedd i aros yng Nghymru. Ni fedrai anwybyddu cyfle amlwg y presennol er mwyn cyfle ansicr a phell y dyfodol.[17]

Daeth colled yr India ag elw mawr i Gymru maes o law. Ond ni fu'r bennod hon yn hanes Griffith Jones heb ganlyniadau llesol iawn. Yn gyntaf oll, daeth ag ef i gysylltiad â nifer o unigolion dylanwadol iawn, pobl a fyddai'n gymorth ac yn gefn iddo yn ei weinidogaeth. Cyfeiriwyd eisoes at John

Dalton o Ben-bre, un a fu'n gyfaill mawr iddo, yn enwedig pan brofodd y curad ifanc gryn erledigaeth ychydig wedyn. Bu James ac Edward, brodyr John Dalton, hwythau yn gyfeillion iddo ar hyd ei oes. Ond yn bwysicach o lawer oedd y cysylltiad rhyngddo a Syr John Philipps o Gastell Pictwn, y gŵr a'i cyflwynodd i sylw'r SPCK yn y lle cyntaf. Un o arweinwyr amlycaf mudiadau crefyddol a dyngarol ei gyfnod oedd Syr John, a bu ei gyngor a'i gefnogaeth yn hynod o bwysig i Griffith Jones yn ystod ei yrfa gynnar. Ymhlith cyfeillion Syr John yr oedd George Whitefield a'r brodyr Wesley; yn wir, bu'n hael iawn ei nawdd tuag at Whitefield. Trwy gyfrwng Syr John, felly, daeth Griffith Jones i gysylltiad â'r byd Cristnogol ehangach, ac â'r datblygiadau cyffrous ymhlith Methodistiaid cynnar Lloegr. Pan fu farw Syr John ar ddechrau 1737, yr oedd ei golled yn ddirfawr. Fe'i hamddifadwyd o'i brif noddwr ar y pryd; ond yn bwysicach fyth yn ei olwg, collodd achos Iesu Grist gyfaill ffyddlon a hael. 'Ni allaf ymatal rhag profi'r galar mwyaf oherwydd ei farwolaeth,' ysgrifennodd, 'nid yn gymaint oherwydd fy ngholled i ag oherwydd y golled gyffredinol y mae hi'n debygol o fod i achos gwir grefydd ym mhob rhan o'r byd'. [18]

Trwy Syr John y daeth Griffith Jones i gysylltiad â'r SPCK a *vice versa*. Dyma'r ail fantais amlwg a darddodd o ddiddordeb y curad ifanc yn y maes cenhadol, ac mae'n anodd gorbwysleisio ei arwyddocâd. Yr oedd Syr John ymhlith aelodau amlycaf yr SPCK, cymdeithas a sefydlwyd ym 1699 yn bennaf i ddarparu ysgolion rhad a sicrhau llyfrau addas i'w darllen yn yr ysgolion hyn. O 1712 ymlaen, pan godwyd enw Griffith Jones fel cenhadwr posibl, bu ei gysylltiad â'r gymdeithas hon yn hynod o ffrwythlon. Ni fu pwdu o gwbl o du pwyllgor y gymdeithas oherwydd ei benderfyniad i aros yng Nghymru. Ni fu ef, ar y llaw arall, yn betrus o ofyn am gymorth yr SPCK i hybu gwaith yr efengyl yn ei wlad enedigol. Daeth yn aelod o'r SPCK ym 1713. Bu ef ei hun yn gofalu am un o ysgolion yr SPCK yn Nhalacharn, ac mae'n debygol iawn i'w brofiad yma esgor ar ei gynllun i sefydlu'r ysgolion cylchynol maes o law. Ar gyfer yr ysgolion hyn—ac i gwrdd ag angen y wlad yn gyffredinol—yr oedd galw am ddeunydd darllen, a darparodd yr SPCK filoedd o Feiblau, o Lyfrau Gweddi, o Gatecismau, ac o lyfrau eraill yn rhad—cyfraniad hynod o werthfawr i achos yr efengyl yng Nghymru. [19]

Wrth hysbysu'r SPCK o'r diwedd na welai ei ffordd yn glir i fynd yn genhadwr i Tranquebar, ychwanegodd Griffith Jones nodyn ynghylch cynllun i gael argraffiad newydd o'r Beibl yn Gymraeg, gan gynnig darllen y proflenni pe na bai modd cael rhywun mwy cymwys i ymgymryd â'r gwaith. Gwelwn yma ganlyniad arall i'r misoedd o fyfyrio a gweddïo. Yr oedd wedi penderfynu peidio â derbyn y gwahoddiad oherwydd yr angen o'i amgylch yng Nghymru ei hun. Gan hynny, aeth ati o ddifrif i geisio cwrdd â'r angen hwnnw. Nid dewis bywyd braf, cyfforddus ydoedd wrth benderfynu aros yng Nghymru. Yn hytrach, yr oedd yn benderfynol o ymroi i waith yr efengyl gyda'r un brwdfrydedd, yr un difrifoldeb, yr un sêl, ag y buasai'n eu hamlygu petasai'n mynd i efengylu ymhlith brodorion yr India. Ei benderfyniad i beidio â mynd i'r India a ryddhaodd ei holl ynni creadigol a gweinyddol er lles teyrnas Crist yng Nghymru. [20]

Gwelwn yn y penodau nesaf sut yn union yr aeth ati. Ond nodwn yn gyntaf ddau ddatblygiad o bwys yn ei fywyd personol—a'r ddau ohonynt yn dangos mor bwysig oedd dylanwad Syr John Philipps. Ym 1716 bu Syr John yn gyfrwng i'w gyflwyno i reithoraeth Llanddowror, ar y ffordd fawr rhwng Sanclêr a Hendy-gwyn. Yr adeg honno peth cyffredin oedd i leygwr feddu'r hawl i benodi clerigwyr i blwyfi. Er i'r drefn hon gael ei chamddefnyddio'n aml, lle'r oedd y lleygwr yn cymryd ei gyfrifoldeb o ddifrif ac yn awyddus i weld penodi clerigwyr ffyddlon a brwdfrydig gallai hi fod yn fanteisiol iawn er hyrwyddo gwaith yr efengyl. Yn achos Griffith Jones, cafodd nid yn unig gartref am oes ond hefyd incwm o £25 y flwyddyn gan y plwyf, incwm a oedd heb fod yn sylweddol ond a oedd yn hen ddigon i'w anghenion personol. A chafodd atodiad i'w enw yn ogystal, oherwydd i'r cenedlaethau a ddaeth ar ei ôl anodd iawn oedd meddwl am 'Griffith Jones' heb ychwanegu 'Llanddowror' ato. [21]

Bedair blynedd ar ôl symud i Landdowror tynhawyd y cwlwm rhyngddo a Syr John Philipps pan briododd ef chwaer Syr John, Margaret. Ychydig a wyddom amdani, ond ei bod ryw wyth neu naw mlynedd yn hŷn na'i gŵr, a'i bod hi'n ddigon gwanllyd ei hiechyd. Ym 1736 dywed Griffith Jones mewn llythyr fod ei 'wraig druan yn cwyno llawer gyda'i phoen arferol'; y flwyddyn wedyn, cyfeiria ati'n 'hynod o sâl gyda pheswch, sydd—gyda phwl o ddweud y drefn wrthi— wedi ei gwneud hi'n fodlon cymryd ychydig o foddion, ac mae hi'n llawer gwell o'r herwydd.' Yr oedd hi yng nghanol ei phedwardegau adeg ei phriodas, ac ni anwyd plant iddi. Efallai mai ei gwendid corfforol a oedd yn gyfrifol am y ffaith na chwaraeodd hi ran amlwg yng ngweithgareddau cyhoeddus ei gŵr. Ond er iddi aros yn y cefndir yr oedd ei chysylltiadau hi a'i brawd â phobl ddylanwadol yng Nghymru a Lloegr i fod o'r pwys mwyaf i Griffith Jones yn ei waith. [22]

Ac at ei waith y trown yn awr.

Pregethu'r Gair

Pan ystyriaf fod rhaid i'r eneidiau sy'n dod dan fy ngweinidogaeth naill ai cael eu hachub gan ei llwyddiant trwy'r fendith ddwyfol neu gael eu colli, efallai, trwy fy niffyg gofal—mae'r ystyriaeth mor arswydus nes fy mod yn crynu i aros dim hwy uwch ei phen.

Ym 1736 yr ysgrifennodd Griffith Jones y geiriau uchod, ond maent yn hanfodol bwysig wrth geisio deall ei holl weinidogaeth fel pregethwr. Oherwydd fel pregethwr y daeth i amlygrwydd yn gyntaf oll—ac fel pregethwr a deimlai i'r byw fod sefyllfa dragwyddol ei wrandawyr ar ryw olwg yn dibynnu ar ei bregethu. Yn wir, gellid dadlau fod ei waith gyda'r ysgolion cylchynol i raddau helaeth wedi dallu pobl rhag rhoi'r parch dyledus i'w waith fel pregethwr, gwaith a fu'n hynod iawn yn ei gyfnod a gwaith a ddug lawer o ffrwyth ymysg eneidiau ei gyd-wladwyr. [23]

Gwelwn beth o'r ffrwyth yma mor gynnar â 1713, pan nad oedd ond yn 30 oed ac mewn urddau eglwysig ers llai na phum mlynedd. Yn y flwyddyn honno, fel y gwelsom, ysgrifennodd ei gyfaill John Dalton lythyr hir at yr SPCK yn cymell y gymdeithas i benodi Griffith Jones yn rhyw fath o 'Genhadwr Cartref'—llythyr a fu'n un cyfrwng i'w gadw yng Nghymru. Soniodd Dalton am y lluoedd a dyrrai i wrando ar ei bregethu hyd yn oed yn y mannau mwyaf gwledig. Yr oedd dylanwad y weinidogaeth hon eisoes i'w weld ar glerigwyr eraill, a gobeithiai Dalton y rhoddid mwy o gyfle a rhyddid iddo deithio'r wlad i bregethu. 'Mr. Jones yw un o feistri mwyaf yr iaith Gymraeg', meddai, '. . . o ran rhyddid ymadrodd ac o ran praffter gwybodaeth Ysgrythurol a Christnogol.' [24]

Dengys y llythyr hwn pa mor rymus a deniadol oedd pregethu'r curad ifanc, a chymaint ei effaith ar y rhai a oedd yn cysgu yn eu pechodau neu'n diogi yn eu dyletswyddau. Ond yr oedd pregethu o'r fath yn peri penbleth i swyddogion ei esgobaeth. Ar 8 Mai 1714 ysgrifennodd Adam Ottley, Esgob Tyddewi, at ei nai o'r un enw a oedd yn gofrestrydd yr esgobaeth:

> Mae anhrefn fawr wedi bod yn ddiweddar, ac rwy'n synnu nad ydych wedi sôn wrthyf amdani: Mr. Jones o Landeilo Abercywyn yn mynd o gwmpas i bregethu ar ddyddiau'r wythnos, weithiau mewn eglwysi ac weithiau mewn mynwentydd ac weithiau ar y mynyddoedd wrth rai cannoedd o wrandawyr, ac yn Llanwenog torrwyd drysau'r eglwys ar agor iddo y dydd Iau cyntaf yn Ebrill. Gwelaf ei bod hi'n hen bryd i mi gyrchu i'm hesgobaeth . . .

Efallai fod y frawddeg olaf hon yn awgrymu nad oedd gofal yr esgob am ei esgobaeth yr hyn a ddylasai fod. Cyn diwedd y flwyddyn, beth bynnag, galwyd Griffith Jones ger ei fron a'i holi yng ngŵydd nifer o glerigwyr gelyniaethus am ei ymddygiad. Yn ôl adroddiad Syr John Philipps o'r achos, amddiffynnodd Griffith Jones ei hun trwy gyfaddef iddo bregethu y tu allan i adeilad yr eglwys—ond am y rheswm fod yr eglwys yn rhy fach i gynnwys y torfeydd a oedd wedi dod i wrando arno. Honnodd hefyd nad oedd wedi pregethu mewn plwyfi eraill ond trwy wahoddiad clerigwr y plwyf neu'r trigolion mwyaf parchus. Barn Syr John oedd fod yr esgob wedi ei fodloni'n llwyr gan yr atebion; ond ymddengys mai bodloni dros dro a wnaeth yr esgob gan obeithio, efallai, y byddai'r 'prawf' yn ddigon i dawelu'r curad ifanc. Nid dyna a ddigwyddodd. Yn Ionawr 1715 yr oedd Edward Jones, canghellor yr esgobaeth, yn dal i gael ei gynhyrfu gan ei ymddygiad; erbyn Hydref 1715 ysgrifennodd at gofrestrydd yr esgobaeth i'w gymell i geryddu'r curad yn llym, neu ei osod gerbron yr ynadon, neu ynteu ei ddwyn i'r llysoedd eglwysig.[25]

Ni wyddom beth a ddigwyddodd wedyn. Mae'n bosibl i Syr John Philipps siarad o blaid Griffith Jones a llwyddo i dawelu'r swyddogion eglwysig rywfaint. Ond mae'n weddol amlwg i'r holl gynnwrf hwn godi am fod adfywiad crefyddol wedi cychwyn dan bregethu Griffith Jones. Dyna'r unig esboniad am y torfeydd—a'r rheini'n cynnwys gwehilion cymdeithas—a gofnodir gan ei gyfeillion a'i elynion. Cyfaddefodd ei elyn pennaf, John Evans, ei fod wedi mynd i wrando arno pan oedd yn llanc, a methu â chyrraedd drws yr eglwys gan gymaint o bobl oedd yno o'i flaen. Yng ngeiriau Pantycelyn,

> *Allan 'r aeth yn llawn o ddoniau,*
> *I bregethu'r 'fengyl wir,*
> *Ac i daenu'r iachawdwriaeth*
> *Olau, helaeth 'r hyd y tir;*
> *Myrdd yn cludo idd ei wrando,*
> *Llenwi'r llannau mawr yn llawn,*
> *Gwneud eglwysydd o'r mynwentydd*
> *Cyn ei glywed ef yn iawn!*

Adfywiad crefyddol oedd yr esboniad am bregethu Griffith Jones yn yr awyr agored: nid oedd yr eglwysi yn ddigon mawr i ddal ei wrandawyr. Ac adfywiad crefyddol oedd yr esboniad am ei bregethu mewn plwyfi eraill, gan gymaint y galw am ei wasanaeth a chymaint ei awydd i gyhoeddi'r newyddion da. [26]

Beth oedd Griffith Jones i'w wneud—dal ati i bregethu yn ei ddull arferol ynteu ymdawelu oherwydd y gwrthwynebiad iddo? Nid oedd dwywaith am ei ateb. Yng Ngorffennaf 1715 danfonodd lythyr hir at yr esgob er mwyn symud y cyhuddiadau yn ei erbyn a thynnu sylw'r esgob at angen arswydus trigolion yr esgobaeth. Beth oedd yn ei gymell i bregethu fel y gwnâi? Dim llai na chyflwr truenus y werin oherwydd eu hanwybodaeth ynghylch gwirioneddau mwyaf elfennol y grefydd Gristnogol. A beth oedd achos y cyflwr hwn? Atebodd heb flewyn ar ei dafod: 'esgeulustod llygredig y gweinidogion'. Yn ei farn ef yr oedd o leiaf bum math o weinidogion esgeulus:

> Yn gyntaf, y rheini a gymerai fwy nag un plwyf dan eu gofal. Cydnabu fod yr incwm isel oddi wrth rai plwyfi yn gwneud hyn yn anochel ar adegau, ond awgrymodd hefyd mai chwant am arian oedd wrth wraidd yr arfer hwn yn aml.

Yn ail, y rheini nad oeddynt yn byw yn eu plwyfi, ac nad ymwelent â'u plwyfi ond yn anaml. Un felly oedd ei elyn, John Evans o Eglwys Gymyn, ac efallai mai'r feirniadaeth hon oedd man cychwyn yr elyniaeth. Ond i Griffith Jones, yr oedd yr egwyddor yn glir: os dewisai clerigwyr beidio â byw yn eu plwyfi, 'ni fydd y defaid yn adnabod nac yn clywed llais eu bugeiliaid . . .'

Yn drydydd, y clerigwyr hynny na siaradent Gymraeg, iaith eu plwyfolion. Pa fudd a gâi'r werin o bregethau nas deallent?

Yn bedwerydd, y rheini a bregethai yn Gymraeg, efallai, ond a ddefnyddiai iaith ymhell y tu hwnt i gyrraedd eu gwrandawyr neu a drafodai bwyntiau diwinyddol astrus yn lle rhoi bwyd ysbrydol i'w cynulleidfaoedd.

Yn bumed, a'r gwaethaf o'r cwbl, oedd y clerigwyr cnawdol, trachwantus, a bydol, a wadai eu 'ffydd' wrth fyw yn annuwiol.

Yn yr amgylchiadau arswydus hyn, gwell fyddai i'r esgob dreulio ei amser 'yn cymell y rheini na phregethant nag yn rhoi taw ar y sawl sydd yn pregethu.' O'i ran ei hun, meddai, nid oedd erioed wedi pregethu mewn plwyf arall heb wahoddiad. Yr un pryd, digon anodd oedd iddo ufuddhau i'w esgob *ac* ufuddhau i gyfrifoldebau eraill ei alwad: onid oedd *rhaid* pregethu'r efengyl i'r eneidiau anghenus o'i amgylch? [27]

Bu ei ysfa am gael pregethu yn gyfrwng i ddwyn Griffith Jones i sylw cynulleidfa ehangach o lawer na phlwyfi gwaelod Sir Gâr. Yn ôl Pantycelyn, bu'r Frenhines Anne yn gwrando arno:

> *Clywodd hithau rym ei ddoniau,*
> *Freiniol ardderchocaf ANNE.*

Mae'n debygol mae ar ei ymweliad â Llundain i ymddangos gerbron yr SPCK ym 1713 y bu ef yn pregethu o'i blaen, naill ai am fod ei ddiddordeb yn yr India wedi tynnu ei sylw hi neu oherwydd yr adfywiad dan ei weinidogaeth. Yn ôl pob tebyg, fe'i cyflwynwyd i'r frenhines trwy gyfrwng Syr John Philipps a'i gysylltiadau ymhlith arglwyddi ac uchelwyr Lloegr. Ym 1718 daeth ef ei hun i gysylltiad â rhai o'r dosbarth hwn wrth fynd gyda Syr John ar daith drwy Gymru, gogledd-orllewin Lloegr, de'r Alban, ac yn ôl trwy ogledd-ddwyrain a chanolbarth Lloegr, gan ymweld ag aelodau gohebol o'r SPCK ar y ffordd. Maes o law byddai ei adnabyddiaeth bersonol o'r aelodau hyn yn gaffaeliad mawr iddo wrth iddo bwyso ar yr SPCK am gymorth i gwrdd ag anghenion ysbrydol Cymru, ond manteisiodd ar y cyfle hefyd i bregethu wrth deithio. O leiaf, dyna ergyd geiriau Pantycelyn:

> *Fe gadd Scotland oer ei wrando,*
> *Draw yn eitha'r gogledd dir,*
> *Yn datseinio maes yn uchel*
> *Bynciau'r iachawdwriaeth bur . . .* [28]

Gwnâi'r un peth yn nes ymlaen wrth deithio i Lundain ac yn enwedig i Gaerfaddon i geisio nawdd ariannol i'w ysgolion. Honnodd John Evans i lawer o'r gwrandawyr yn eglwys Llanddowror ddod o bell—o siroedd Henffordd a Mynwy hyd yn oed—wedi ei glywed gyntaf ar y teithiau hyn. Dengys Llythyrau Trefeca i rai o ganlynwyr Howel Harris wrando ar Griffith Jones ym Mlaenau Gwent a Chwm-iou yn Sir Fynwy ac yng Nghaerfaddon ei hun. Ac yn ôl ei lythyrau ei hun, pregethai'n achlysurol hefyd yn y plwyfi hynny lle'r oedd y clerigwyr wedi ei wahodd i sefydlu ysgolion. [29]

Ni phrofodd Griffith Jones effeithiau ysgubol tebyg yn ei weinidogaeth ar ôl y cyfnod o amgylch 1713-14, ond bu ei bregethu'n foddion gras i laweroedd ar hyd ei oes. Efallai mai canlyniad mwyaf arwyddocaol ei bregethu oedd tröedigaeth Daniel Rowland ym 1735. Adroddir yr hanes o sut y daeth Griffith Jones i bregethu yn Llanddewibrefi, ac y cafwyd yn ei gynulleidfa glerigwr ifanc, balch a dirmygus. Sylwodd y pregethwr ar ei agwedd watwarus; yng nghanol ei bregeth arhosodd ychydig ac offrymu gweddi'n uchel drosto, gan ofyn i Dduw i wneud y dyn hwn yn offeryn i droi llawer o dywyllwch i oleuni; aeth ymlaen â'i bregeth—ac erbyn ei diwedd yr oedd Daniel Rowland, y clerigwr ifanc, yn ddyn

29

newydd yng Nghrist. Hyd yn oed os oes lle i amau rhai o fanylion yr hanes hwn, mae tystiolaeth ddigonol i ddilysrwydd cyffredinol y traddodiad. Sonia Howel Harris yntau am y cymorth ysbrydol a gâi wrth wrando ar reithor Llanddowror yn pregethu. Gall Griffith Jones ei hun gyfeirio at bregethu mewn un man ym 1736 lle 'rhoddodd Duw . . . nerth i mi yng nghanol gwendid i lefaru wrth gynulleidfa fwy niferus nag a oedd yn arfer bod yno ar unrhyw adeg cyn hynny.' Y flwyddyn wedyn bu Joshua Thomas, awdur *Hanes y Bedyddwyr ymhlith y Cymry*, yn gwrando ar Daniel Rowland a chlywed rhai Annibynwyr yn dweud amdano nad oeddynt wedi clywed neb i'w gymharu ag ef o fewn Eglwys Loegr—ac eithrio Griffith Jones. Tystiwyd i rinweddau ei bregethu gan Annibynnwr arall—Edmund Jones, yr 'Hen Broffwyd' o'r Transh ger Pont-y-pŵl—ym 1742: 'Ymysg y clerigwyr [yng Nghymru] y mae'r enwog Mr. Griffith Jones, un o'r pregethwyr mwyaf rhagorol ym Mhrydain Fawr o ran duwioldeb, synnwyr da, diwydrwydd, cymedroldeb, sêl, llefaru grymus, na chlywais erioed mo'i debyg.'[30]

Beth oedd yn arbennig am bregethau Griffith Jones, i gael y fath ddylanwad ac i ennill y fath ganmoliaeth? Ar yr olwg gyntaf, nid oeddynt yn hynod iawn. Ym marn un hanesydd,

> Nid oes dim yn eithriadol yn y pregethau, ac eithrio'r iaith Ysgrythurol, y ddiwinyddiaeth Biwritanaidd, a'r mynych raniadau a dosraniadau sydd ynddynt. Y mae'r athrawiaeth yn iachus a Chalfinaidd ddigon, ond nid oes ynddynt o glawr i glawr yr un dyfyniad o na barddoniaeth na rhyddiaith yr tu allan i'r Beibl; ni cheir na hanesyn, eglureb, na chyfeiriadau at brofiad personol. Rhaid mai yn nifrifwch traddodiad pregethau Griffith Jones yr oedd cuddiad ei gryfder a'i ddylanwad ar werin ei wlad.

Mae'n wir fod elfen hynod yn ei draddodi, fel y cawn weld, ond ni ddylid anwybyddu'r elfennau a ddibrisir i raddau yn y dyfyniad uchod. Yn un peth, yr oedd ei bregethau'n seiliedig yn gadarn ar yr Ysgrythur: nid pregethu ei syniadau ei hun a wnâi, ond cyhoeddi neges Gair Duw. Yn beth arall, yr oedd ei ddiwinyddiaeth hefyd yn gadarn; nid yn anaml yn hanes yr

eglwys fe geir cysylltiad arwyddocaol rhwng diwinyddiaeth
Galfinaidd gyhyrog ac adfywiadau crefyddol dilys. Ac yn
beth arall eto, yr oedd ei bregethau'n drefnus ac yn
rhesymegol, heb fod yn ffrwyth rhyw syniadau gwibiog ar y
pryd. Nid efengyl newydd a oedd ganddo, na dulliau newydd
chwaith. Defnyddir y gair 'Piwritanaidd' yn y dyfyniad
uchod, ac efallai fod hwnnw'n gystal cliw â dim i'r rheswm
dros ei rym yn y pulpud. Yr un neges, yr un ddiwinyddiaeth,
yr un agwedd sylfaenol, yr un drefn ar ei ddeunydd a oedd
gan Griffith Jones ag a oedd gan y cewri Piwritanaidd a
flodeuai hanner canrif cyn ei eni. A daeth yr un llwyddiant
hefyd.[31]

Mae ar gof a chadw ddisgrifiad o Griffith Jones yn y
pulpud, wedi ei gynnwys yn y cofiant iddo a gyhoeddwyd ym
1762, flwyddyn ar ôl ei farwolaeth. Er bod y disgrifiad braidd
yn hir, a'r iaith mewn mannau yn flodeuog yn ôl dull y
cyfnod, cawn yma ddarlun byw iawn o Griffith Jones y
pregethwr. Wele ran ohono yn yr iaith wreiddiol:

> His pulpit accomplishments were so very uncommon that it is
> exceeding difficult to describe them. In reading Divine service,
> he was devout without affectation. He did not hurry the
> Prayers over, as is too often the case, with precipitancy and
> carelessness; but had a sacred awe upon his mind, ever
> remembering he was addressing the eternal God . . .
> How spirited was his utterance! His hearers could feel their
> blood thrill within them. One could plainly see the various pas-
> sions he would inspire by turns rising in his own breast, and
> working from the very depth of his heart. One while, he glowed
> with ardent love to his fellow creatures; anon, he flamed with
> a just indignation at the enemies of their souls. Again, he
> swelled with a holy disdain at the turpitude of sin; then melted
> with grief and fear lest some of his hearers should neglect their
> day of grace, and thereby perish eternally. Every feature,
> nerve, and part about him were intensely animated . . .
> No wonder that his hearers wept, when the preacher himself
> burst into tears. No wonder that he was so successful in the
> conversion of sinners, when it was the divine Spirit that made
> the Word effectual. By his preaching, the drunkards became
> sober; the Sabbath-breakers were reformed; the prayerless

cried for mercy and forgiveness; and the ignorant were solicitously concerned for an interest in the divine Redeemer. He warmly invited the poor to become rich, the indigent and guilty to accept of pardon. He taught men to be rich in good works, without placing the least dependence upon them. Christ was all to him, and it was his greatest delight to publish his Redeemer's unsearchable riches. In his preaching, he copiously displayed and exalted the person, offices, characters, and relations of the incarnate God. He preached faith and repentance judiciously. He was a strenuous asserter of the absolute necessity of the new birth and Gospel-holiness, both in heart and life; and thus he was **a burning and shining light.**[32]

Ym mrawddegau olaf y disgrifiad hwn cawn gipolwg ar agwedd Griffith Jones wrth bregethu. Nid dyn yn chwilio am y gwirionedd mohono; yr oedd gwirionedd Gair Duw wedi cydio ynddo, ac ni fedrai ond cyhoeddi athrawiaethau'r Ysgrythur. 'Gair y gwirionedd, fel mae i'w gael yn y gyfrol gysegr-lân,' meddai, 'yw'r cyfrwng mawr a phenodedig i godi'r rheini sy'n feirw mewn pechod i fywyd o gyfiawnder, a thrwyddo cawn ein geni o Dduw a'n hatgenhedlu neu ein haileni i obaith bywiol, ac i etifeddiaeth ddiddiflanedig.' Nid pregethwr llipa, difater mohono chwaith. Ar y naill law yr oedd efengyl gras Iesu Grist wedi gafael ynddo i'r fath raddau nes pregethu honno oedd ei bleser pennaf—chwedl y dyfyniad uchod, 'Yr oedd Crist yn bopeth iddo, a'i hyfrydwch pennaf oedd cyhoeddi anchwiliadwy olud ei Waredwr.' Ar y llaw arall yr oedd yn llwyr ymwybodol o'i gyfrifoldeb gerbron Duw ac o angen dychrynllyd y rheini a oedd y tu allan i Grist. Holl ddiben pregethu oedd troi pobl at Grist, a rhaid oedd ymgymryd â'r gwaith hwn o ddifrif calon. Nid oedd am wenieithio, nid oedd am guddio cwestiynau bywyd a marwolaeth rhag ei wrandawyr am fod y cwestiynau hyn yn codi gwrychyn: 'A fynnwch i ni dwyllo eich eneidiau . . . er mwyn eich bodloni ag ymadrodd teg ac esmwyth?' Ni fedrai ond llefaru'r gwir mewn cariad. Nid oedd dewis ganddo: yr oedd yn rhaid gosod realiti datganiadau Gair Duw gerbron ei wrandawyr, a phwyso arnynt â'i holl egni i ystyried y gwirioneddau hyn o ddifrif.[33]

Un elfen gref iawn yn ei genadwri oedd ymgais i ddangos trueni ac angen dyn yn ei gyflwr pechadurus. Gwyddai am falchder dyn wrth natur, a gwyddai hefyd mai'r cam cyntaf tuag at ei achub oedd dryllio'r balchder hwnnw nes bod dyn 'yn ei weld ei hun yn druan, ac yn ei deimlo ei hun yn llesg, ac yn crynu wrth fygythion Duw'. Galwai ar ei wrandawyr i ystyried eu diwedd, ac i ymostwng gerbron Duw tra bo eto amser: 'Pa fodd, eneidiau, y gellwch fod mor ddibris ac mor ddiystyr am nefoedd ac uffern?' Iddo ef, 'gwirionedd diamheuol ydyw: fe orfydd i'r holl rai annuwiol ddychwelyd yn awr, neu ynte losgi yn nhân uffern dros dragwyddoldeb.' Galwai ar y rhai bydol ac anystyriol, felly, i edifarhau ar fyrder. A galwai ar y rhai a ymfodlonai mewn crefydd ffurfiol a gweithredoedd da i ystyried na allai'r pethau hyn eu hachub: 'Beth a dâl eich holl ddyletswyddau heb adnabod Crist? Pa fodd y cewch faddeuant o'ch holl bechodau fel hyn? . . . Pa fodd y gwnewch wrth farw? Pa fodd y bydd arnoch yn ôl hynny, oni fyddwch yn adnabod Crist?'[34]

Adnabod Crist—dyna oedd ateb Griffith Jones i angen dyn. Wedi dangos i ddyn ei bechod, wedi gwasgu ar ei wrandawyr 'y fath rwyg a digofaint a wnaeth pechod rhyngom ni a Duw', cynigiai efengyl iachawdwriaeth yn rhad trwy berthynas fywiol â Iesu Grist. 'Dyma pam y'n gwahoddir yn yr efengyl at Grist, sef i gael heddwch trwyddo ef.' Y berthynas â Christ oedd yr allwedd i fywyd newydd: hon, felly, oedd canolbwynt ei genadwri: 'Pe deuech i adnabod Crist yn groeshoeliedig chwi welech fath yw digofaint Duw—fath yw drwg pechod—fath yw gwerth yr enaid—fath yw'r iechydwriaeth werthfawr sydd yng Nghrist —faint yw trugaredd a chariad Duw.' Rhaid oedd edifarhau, rhaid oedd troi oddi wrth bechod, rhaid oedd dod at Grist mewn ffydd. Ac wedi dod at Grist—glynu wrtho, byw er ei fwyn, amlygu cariad tuag ato mewn ymddygiad addas: 'Os cerwch Grist, dangoswch hynny mewn casineb i bechod. Os cerwch Grist, dangoswch hynny mewn ufudd-dod parhaus i Air ac Ordinhadau Crist . . . Os cerwch Grist, dangoswch hynny trwy ddibristod o bob gwaradwydd er ei fwyn ef . . . Dangoswch eich cariad i Grist, fel y wraig o Samaria, trwy dynnu eraill i'w garu ef gyda chwi—trwy fod yn ddiwyd mewn gweddi; i gynnal a chynyddu cariad Crist ynoch.' Mae'n siwr ei fod yn pregethu wrtho'i hun yn ogystal ag wrth ei gynulleidfa wrth lefaru'r geiriau hyn; o leiaf, braidd y gellir gwell disgrifiad o'i agwedd ef ei hun at fywyd ac o'r hyn a'i cymhellai i fyw fel y gwnâi.[35]

Yn wyneb hyn i gyd, gosodai'r safonau uchaf posibl iddo'i hun yn y pulpud. Ni wnâi unrhyw fath o bregeth wedi ei thraddodi mewn unrhyw fath o ddull y tro iddo ef nac i'w Dduw. Pregeth dda oedd honno a ddygai'r galon yn nes at Dduw, a wnâi Iesu Grist yn fwy annwyl a gwerthfawr yng ngolwg y gwrandawr, a eglurai oblygiadau ymarferol y berthynas hon ar gyfer bywyd bob dydd. Ac i gael yr effaith yma, rhaid oedd dangos yn glir fod angen Crist ar y gwrandawr—fod y gwrandawr mewn cyflwr gwirioneddol druenus hebddo ond yn medru mwynhau breintiau mawrion ynddo. Perygl pregethau anfuddiol, felly, oedd eu bod yn rhwystro yn hytrach nag yn hybu gwir grefydd yr enaid. A galarai pan arhosai'r gynulleidfa mewn trymgwsg ysbrydol, heb ymateb i bregethu gair y gwirionedd. Galarai hefyd am fod llawer un o fewn Eglwys Loegr heb wneud cymaint â phregethu gair y gwirionedd o waelod calon. Beirniadai'n llym y pregethu hwnnw a oedd ymhell y tu hwnt i amgyffred y gynulleidfa, a'r modd y cyfieithid yn flêr o'r Saesneg i'r Gymraeg bregethau na 'allent wneud ond anerchiad diflas mewn unrhyw iaith'. Chwarae â chrefydd, chwarae â Duw, oedd hyn; rhaid oedd i bregethwr a alwyd gan yr Ysbryd Glân ymroi i'w waith mewn ffordd dra gwahanol.[36]

Saif Griffith Jones yng nghanol llinach pregethwyr efengylaidd mawrion Cymru. Gallai Morgan Rhys ganu amdano fel hyn:

Ffyddlon diwyd trwy'i holl fywyd,
Yn cyhoeddi'r newydd hyfryd
   Fod y Prynwr wedi ei eni,
Braf oedd sŵn ei genadwri,
Llawer Las'rus gadd ei alw,
O'u bedd wedi drewi a marw,

34

Trwy gymorth gras ddaeth i ma's,
  O Ddinas distryw:
Er eu bod hwy gynt yn feirw,
Byw'n dragywydd ydynt heddiw.

A gwir pob gair. Pregethu oedd ei waith cyntaf, a'i waith pennaf. Er cymaint llwyddiant ei ysgolion, ni chefnodd ar ei bulpud. Fe'i galwyd i bregethu'r efengyl, a mynnai ei phregethu cyhyd ag y caniatâi nerth corfforol iddo. Ni fedrai ond ei phregethu. Yr oedd gras Duw wedi ei achub, ac yr oedd ei galon bellach yn llawn o gariad at y Duw hwn. Yn ei eiriau ei hun,

Ni ddymunwn ddim arall ond fod y cariad hwn yn fy nhueddu i bregethu ei Air sanctaidd. Nid wyf yn ymwybodol o unrhyw awydd i gael elw trwyddo, ond i ddangos parodrwydd i ufuddhau iddo, i anrhydeddu ei enw, a rhyw ychydig o dosturi am hapusrwydd fy nghyd-bryfed. [37]

LLYTHYR

YNGHYLCH Y

DDYLEDSWYDD o Gateceisio

PLANT a PHOBL Anwybodus.

H E B R. xiii. 22.   Yr ydwyf yn attolwg i chwi, frodyr, goddefwch air y cyngor.

S A L M lxxviii. 5,.6.   Canys efe a ficrhaodd dyftiolaeth yn Jacob, a c a ofododd gyfraith yn Ifrael, y rhai a orchymmynnodd efe i'n tadau eu dyfgu i'w plant. Fel y gwybyddai 'r oes a ddêl, fef y plant a enid ; a phan gyfodent, y mynegent hwy i'w plant hwythau.

Argraphwyd yn *LLUNDAIN*, gan Joan Olfir, ym *Martholomy Clôs*, ger llaw *Smithffild Gorllewinol*, yn y Flwyddyn M DCC XLIX.

Ai Holi Yw'r Ateb?

Er pwysiced pregethu yng ngolwg Griffith Jones, yr oedd yn ymwybodol iawn y gallai geiriau pregeth fynd i mewn trwy'r naill glust ac allan trwy'r llall, heb gael fawr ddim effaith ar y gwrandawr. Yng nghyfrol gyntaf *Welch Piety* mae'n adrodd yr hanes canlynol am gyfaill o glerigwr:

Dywedodd wrthyf ei fod wedi gwneud ymdrech ers rhai blynyddoedd i lunio ei bregethau yn yr iaith fwyaf eglur posibl. Wedi ei alw at ddyn claf, un digon call yn ei fusnes, a ddymunodd dderbyn y sacrament, ac a fynegodd obeithion mawr am ei iachawdwriaeth ei hun, ac a ganmolodd Dduw am gael clywed y pregethau gorau ddwywaith bob Sul am lawer blwyddyn ar eu hyd, gofynnodd y clerigwr ychydig o gwestiynau rhwydd iddo ar yr achlysur hwn; yn arbennig, beth oedd ystyr y bara a'r gwin yn Swper yr Arglwydd, yr hwn yr oedd ar fin ei dderbyn megis y'i derbyniasai'n aml o'r blaen; ond ni fedrai ateb. Wrth ei holi ymhellach, trwy haeddiant pwy y gobeithiai gael ei achub, a rhai cwestiynau syml eraill, ni fedrai ateb yr un ohonynt, ond ceisiodd ymesgusodi am nad oedd wedi cael addysg ffurfiol. Ar hyn gofynnodd y clerigwr iddo, pwy oedd y gweinidog yr oedd y dyn wedi bod yn gwrando ar ei bregethau da mor gyson dros gymaint o flynyddoedd? Chi, meddai'r claf; ac rwy'n sicr, meddai ef, na fedrai dyn bregethu'n well. Bu clywed hyn, meddai'r clerigwr (wrth adrodd yr hanes wrthyf), yn achos syndod mawr i mi, o feddwl y gallai unrhyw un o'm gwrandawyr barhau mor anwybodus, ar ôl fy holl lafur yn astudio ac yn pregethu'r pregethau mwyaf syml posibl dros lawer iawn o flynyddoedd ar eu hyd.

Â ymlaen i nodi fod y sefyllfa yn sicr o fod yn waeth o lawer yn y plwyfi hynny lle nad oedd clerigwr preswyl o gwbl, neu lle y ceid pregethu Saesneg wrth gynulleidfa Gymraeg. Ond beth oedd y pregethwr cydwybodol (efallai mai ef ei hun yw'r pregethwr yn yr hanes uchod) i'w wneud? Sut oedd gwneud yn siwr fod y torfeydd a wrandawai arno yn deall yr efengyl, yn amgyffred neges iachawdwriaeth yn glir, yn cael gafael ar hanfodion y ffydd? [38]

Heb ddibrisio pregethu o gwbl, daeth Griffith Jones i sylweddoli fod angen rhywbeth ychwanegol ar fynychwyr yr eglwysi—rhywbeth i'w paratoi ar gyfer y pregethu a rhywbeth i sicrhau wedyn fod y pregethu yn cael ei ddeall a'i dderbyn ganddynt. Dyma'r angen—a'r ateb—yn ei eiriau ei hun:

> Oni welwn rinwedd a duwioldeb Cristnogol wedi eu difrodi, a'r fath gynnydd mewn anfoesoldeb o'r radd waethaf, mewn anghrediniaeth broffesedig, ac mewn anffyddiaeth ymarferol, ag y gobeithiai dyn nad ymddangosasai byth mewn gwlad Gristnogol? Ac oni ddylem ystyried mai'r hyn sydd gyfrifol, i fesur helaeth, yw esgeulustod ynghylch cateceisio, ac argraffu egwyddorion crefydd yn fwy taer ar feddyliau pobl ifainc? [39]

Yr ateb, felly, oedd holwyddori neu gateceisio, sef defnyddio dull holi ac ateb i sicrhau fod gwybodaeth elfennol yn cael ei dysgu'n drwyadl. Hen, hen ddull o addysgu oedd hwn, ac iddo le anrhydeddus iawn yn hanes yr eglwys. Mae'n hysbys iawn bellach ei fod yn rhan bwysig o weithgarwch yr Eglwys Fore—erbyn yr ail ganrif gallwn ddarllen am grŵp arbennig o fewn yr Eglwys a oedd yn gyfrifol am wreiddio dychweledigion yn gadarn yn y ffydd trwy ddefnyddio cyfrwng holi ac ateb. Yn eu tro daeth Martin Luther a John Calfin i weld gwerth y dull hwn, a bu'n amlwg iawn fel ffordd o hyrwyddo'r Diwygiad Protestannaidd. Deddfwyd ym 1603 y dylid holi a dysgu pobl ifainc ac anwybodus plwyfi Cymru a Lloegr bob Sul gan ddefnyddio'r catecism a oedd ynghlwm wrth y Llyfr Gweddi Gyffredin. Digon anghyson fu'r ymdrechion i weithredu'r cynllun hwn, ond erbyn diwedd y ganrif ymddangosai nifer cynyddol o gatecismau wedi eu trosi i'r Gymraeg gan Eglwyswyr ac Ymneilltuwyr fel ei gilydd. Ychwanegwyd yn sylweddol at y rhain yn sgîl sefydlu'r SPCK ym 1699. [40]

Nid syniad gwreiddiol Griffith Jones, felly, oedd pwysleisio gwerth holwyddori. Serch hynny, gwelodd yn eglur iawn y gellid troi'r hen arfer hwn yn ddull buddiol i argraffu gwirioneddau sylfaenol y ffydd Gristnogol ar feddyliau ei gynulleidfa. Pa obaith a oedd i ddiwygio cymdeithas, i ddileu drygioni amlwg, i gadw crefydd bur yn fyw, heb hyfforddi pobl yn y gwirioneddau sylfaenol hyn? 'Heb hyfforddiant Cristnogol', meddai, 'ni ddaw'r bobl fyth yn Gristnogion da.' Credai fod angen gosod seiliau cedyrn cyn y gellid gobeithio cael ffydd gadarn, ac mai holwyddori oedd y cyfrwng mwyaf effeithiol i sicrhau hynny. Pwysleisia'r neges hon dro ar ôl tro yn *Welch Piety*, a dyma faich penodol ei *Lythyr ynghylch y Ddyletswydd o Gateceisio Plant a Phobl Anwybodus* (1749). Wele graidd ei ddadl: 'gellir dysgu i'r werin anneallus fwy o wybodaeth mewn un mis yn y ffordd hon, na thrwy bregethu iddynt dros eu holl fywyd'. Ac wele bosibiliadau ehangach ymgymryd â'r dull hwn o ddifrif: 'Nid yw'n debygol i ni byth weld cynnydd ar grefydd, nac i ddiwygiad byth ddod yn y blaen yn drefnus ac yn hardd-deg, oni chymerir ychwaneg o boen i gateceisio a dysgu'r werin'. [41]

Aeth ati o ddifrif, felly, i weithredu'n unol â'i gred. Byddai'n cynnal oedfa ychwanegol ar y Sadwrn cyn Sul misol y cymun, a dechreuodd gynnwys elfen o holwyddori yn yr oedfa honno. Yn ei eiriau ei hun,

> byddai nifer o oedolion, yn ogystal â'r plant (yn enwedig y rheini a ddymunai dderbyn yr ordinhad fendigaid honno), yn cael eu holi, nid yn unig yn y catecism ond hefyd mewn corff o ddiwinyddiaeth; a byddwn yn sgwrsio â hwy mewn modd rhwydd, cyfarwydd, ond difrifol iawn, ynghylch pob un o'u hatebion, gan eu hesbonio'n eglur i'w deall a'u cymhwyso'n rymus i'w cydwybod.

Ond daeth i sylweddoli fod y rhai yr oedd yr angen mwyaf arnynt yn betrus o gael eu holi'n gyhoeddus yn y modd yma. Yr hyn a wnaeth, felly, oedd estyn gwahoddiad arbennig iddynt ddod i'r cwrdd ar y Sadwrn, gan gynnig bara iddynt er mwyn eu cymell i fod yn bresennol. A'r canlyniad?

> Wedi iddynt ddod ynghyd, ac wedi eu gosod yn drefnus mewn rhes i dderbyn y bara, gofynnwyd ychydig o gwestiynau eglur

39

a hawdd iddynt, yn dirion ac yn ofalus iawn er mwyn peidio
â'u drysu na pheri iddynt wrido, ac wedi hyfforddi a threfnu
gyda'r rhai mwyaf cefnogol ohonynt ymlaen llaw i arwain ac
annog y lleill. Wrth ddilyn y patrwm hwn unwaith y mis,
tyfodd nifer y rhai mewn oed, a deuai pob un o'i wirfodd, gan
roi cyfle i symud ymlaen o gwestiynau haws i rai anos, ac o
dipyn i beth i'w dysgu hwy ym mhob gwybodaeth angenrheid-
iol er iachawdwriaeth . . . [42]

Gallai'r holwyddoreg fod yr un mor werthfawr o fewn
cylch y teulu. Byddai Griffith Jones yn holi nid yn unig
aelodau o'i eglwys ond hefyd ei deulu ei hun, a gwahoddai ei
gymdogion i mewn er mwyn eu hyfforddi hwythau. Lle na
allent ymuno ag ef, anogai benaethiaid teulu i gateceisio eu
plant a'u gweision. Rhagwelai y byddai hyn yn gyfrwng i
ddysgu cyfrifoldebau a dyletswyddau ymarferol y naill tuag
at y llall o fewn cylch y teulu. A phan ddaeth i sefydlu
ysgolion, sylweddolodd y gallai'r dull o holi ac ateb fod yn
arbennig o fuddiol. Yn un peth, yr oedd y dull hwn i gael ei
ddefnyddio gan yr athrawon wrth egluro a chymhwyso
Catecism yr Eglwys. Ond yr oedd hefyd angen hyfforddiant
ar yr athrawon eu hunain, gan fod llawer o'r rheini heb
dderbyn addysg ffurfiol. Yr hyn a wnaeth Griffith Jones,
felly, oedd eu cynnull yn Llanddowror am ychydig o
wythnosau a'u holwyddori hwy eu hunain yn drwyadl, er
mwyn iddynt gael crap da ar sylfeini'r ffydd a dysgu sut i
hyfforddi eraill trwy'r un dull. [43]

Un broblem fawr a'i hwynebai wrth geisio gweithredu'r
cynllun hwn oedd sicrhau digon o ddeunydd addas. At ei
gilydd defnyddiai Gatecism Cymraeg yr Eglwys, ac fe gâi
gymorth gwerthfawr tu hwnt gan yr SPCK wrth geisio dod o
hyd i gopïau. Mae cofnodion y gymdeithas yn frith o
geisiadau ganddo am ragor o gopïau, 'wedi eu rhannu'n
baragraffau neu'n ddarnau bychain gydag adnodau o'r
Ysgrythur yn cadarnhau ar ochr arall y golofn.' Gofynnodd
am gant ohonynt yn Hydref 1736, am gant arall yn
Nhachwedd 1737, am fil yn Chwefror 1738/9; erbyn Ionawr
1739/40 ceisiodd gael cyflenwad o 4,000 ohonynt. Naill ai ni
chafodd y nifer enfawr yma i gyd neu nid oeddynt yn

ddigonol i'w ddefnydd ohonynt, oherwydd yn Chwefror
1739/40 gofynnodd am fil yn ychwanegol, ac ym Medi'r
flwyddyn honno gwnaeth gais am ddim llai na phum neu
chwe mil ohonynt. [44]

Yn ogystal â'r Catecism fel y cyfryw, defnyddiai gyfrol o'i
eiddo ei hun a oedd yn gymorth i esbonio'r Catecism.
Soniodd yn adroddiad 1740 o *Welch Piety* gymaint oedd yr
angen am gyfrol o'r math yma—cyfrol a fyddai, ar ddull holi
ac ateb, yn ateb diben corff syml o ddiwinyddiaeth. Ei fwriad
oedd ymdrin â holl bwyntiau sylfaenol y ffydd Gristnogol,
gan roi sylw arbennig i'w gwerth ymarferol ar gyfer bywyd
bob dydd—elfen hynod o bwysig yn y cyfan a wnâi. Wrth
gynnig atebion i'r holiadau, gobeithiai gynnwys adnodau o'r
Ysgrythur i brofi gwirionedd yr atebion. Byddai'r gyfrol hon
o werth arbennig i ysgolion, i deuluoedd, ac i gymdeithasau
crefyddol; gallai'r clerigwyr tlotaf hwythau gael rhyw fantais
ohoni gan na allent fforddio pethau gwell. Ar y pryd
rhagwelai Griffith Jones gryn anhawster mewn cyhoeddi'r
gyfrol, ond ymddangosodd rhan gyntaf y gwaith ym 1741 a'r
pum rhan yn gyflawn erbyn 1746. Fe'u cyhoeddwyd gyda'i
gilydd mewn un gyfrol ym 1748 dan y teitl *Drych
Difinyddiaeth*. Daeth crynodeb o'r gwaith hwn o'r wasg ym
1749, a chrynodeb o'r crynodeb dair blynedd yn ddiwedd-
arach—y cyfan wedi ei fwriadu i hwyluso a datblygu'r gwaith
o gateceisio. [45]

Yn y rhagair i'w esboniad ar Gatecism yr Eglwys,
cynghorodd benteuluoedd yn arbennig ynghylch sut i fynd ati
i holi'r rhai ar eu haelwydydd, ac ynghylch pa bynciau y dylid
rhoi sylw neilltuol iddynt. Yn ei *Lythyr ynghylch . . .
Cateceisio* a gyhoeddwyd ym 1749, olrheiniodd hanes
holwyddori a phwysodd ar glerigwyr a phenteuluoedd i
ystyried ei bwysigrwydd o ddifrif. A thro ar ôl tro yn *Welch
Piety* cyfeiria at werth ysbrydol yr arfer hwn a'r anwybodaeth
ddychrynllyd a ddaw i'r golwg o'i esgeuluso. Yn ôl ei elyn,
John Evans, yr oedd Griffith Jones wedi bod yn gyfrifol am
ddosbarthu miloedd o gopïau o gatecism gan y Cymro
Matthew Henry yn rhad ac am ddim. Bwrw sen arno am hybu
gwaith gan Anghydffurfiwr oedd bwriad y cyhuddiad hwn,

41

yn ôl pob tebyg, ond os yw'n wir tystia i'w sêl a'i ysbryd eangfrydig wrth geisio hyfforddi ei gyd-genedl yng ngwirioneddau sylfaenol y ffydd a roddwyd unwaith ac am byth i'r saint.[46]

Serch hyn i gyd, daeth Griffith Jones i sylweddoli nad yr holwyddoreg oedd yr ateb cyflawn i anwybodaeth ysbrydol y werin. Nid yn y syniad o holwyddori yr oedd y gwendid—ni pheidiai â phwysleisio ei werth—ond ni allai'r holwyddoreg ynddo'i hun sicrhau'r budd ysbrydol mwyaf. Yr oedd angen rhywbeth arall yn ogystal. Wrth feddwl am werin Cymru, 'ei meddwdod a'i maswedd; ei hanwybodaeth a'i hanllythrenogrwydd; ei hanghrefydd a'i hanystyriaeth; y trais a'r gormes arni: y werin safndrwm, fyddar, foel' (chwedl Gwenallt), gwnaeth Griffith Jones y sylw canlynol:

> Mae dynion difrifol yn y weinidogaeth wedi profi, ac wedi cwyno llawer o'i herwydd, fod pregethu i raddau yn ofer ac yn wastraff heb gateceisio (yr hwn nid yw'n ymarferol iawn tra na fedr y bobl ddarllen) . . .

Hynny yw, er pwysiced cateceisio, ni ellid elwa i'r eithaf ar y dull hwn hyd oni fedrai'r werin ddarllen a deall yn iawn yr athrawiaeth iachus a oedd yn gynwysedig yn y catecism. Yr oedd yn rhaid wrth o leiaf fymryn bach o addysg a deall, neu gallai dysgu ar y cof fod yn ddigon di-werth. Sylweddoli hyn a barodd chwyldro ym meddwl Griffith Jones, ac a agorodd bennod newydd yn hanes addysg yng Nghymru.[47]

Gorau Dysg, Dysg Duw

Er mwyn cyflwyno efengyl iachawdwriaeth i werin Cymru, yr oedd yn rhaid eu cyrraedd rywsut. Yr oedd eu hanwybodaeth yn golygu fod llawer o'r pregethu yn annealladwy ganddynt. Yr oedd y ffaith fod cymaint ohonynt yn anllythrennog yn cyfyngu ar effeithiolrwydd yr holwyddoreg. Yr ateb amlwg, fel y daeth Griffith Jones i'w sylweddoli'n glir, oedd symud y rhwystrau hyn trwy gyfrwng addysg.

Ond sut oedd dod o hyd i'r addysg yma? A siarad yn gyffredinol, digon prin ac aneffeithiol oedd yr ymdrechion i sefydlu ysgolion ar raddfa fawr cyn dyddiau Griffith Jones. Agorwyd rhyw ddwsin o ysgolion gramadeg yng Nghymru adeg teyrnasiad Elisabeth I (1558-1603) ac Iago I (1603-25), gan gynnwys yr ysgol yng Nghaerfyrddin y bu ef ei hun ynddi, ond o'r braidd fod y rhain yn cyffwrdd o gwbl â thrwch poblogaeth y wlad. Sefydlwyd rhyw drigain o ysgolion rhad gan y Piwritaniaid ac ystyrient y posibilrwydd o sefydlu prifysgol yng nghanolbarth Cymru. Er i'r datblygiadau hyn argoeli'n dda, pan ddaeth Siarl II yn frenin ym 1660 chwalwyd y cynlluniau i gyd a bu raid aros tan 1674 cyn gweld menter arall o bwys. Yn y flwyddyn honno ffurfiwyd yr Ymddiriedolaeth Gymreig dan arweiniad Thomas Gouge o Lundain a chyda chymorth Stephen Hughes o Sir Gaerfyrddin, gwŷr yn llinach y Piwritaniaid. Bu farw Gouge ym 1681; unwaith eto daeth y cyfan i ben, ond yr oedd yr ysgolion a sefydlwyd—rhyw 300 i gyd—yn enghraifft o'r hyn y gellid ei wneud. Ar ddysgu plant i ddarllen yr oedd eu pwyslais, a byddent wedi llwyddo'n well o lawer wrth anelu at y nod hwnnw oni bai am un peth: Saesneg oedd iaith yr ysgolion, ac wrth reswm ni chawsant fawr effaith ar y Cymry uniaith.[48]

A gadael heibio gyfraniad nodedig yr academïau Ymneilltuol a sefydlwyd yn bennaf i hyfforddi arweinwyr eglwysi, yr unig ymgais arall i gynnig rhyw fath o addysg oedd honno gan yr SPCK. Pan ffurfiwyd y gymdeithas hon ym 1699, y prif amcan oedd 'sefydlu ysgolion elusennol er mwyn dysgu plant tlodion i ddarllen ac ysgrifennu ac i adrodd a deall Catecism yr Eglwys'. Fe lwyddwyd i gydio'n effeithiol yn yr ardaloedd hynny lle'r oedd ysgolion yr Ymddiriedolaeth Gymreig wedi eu cynnal gynt, ac erbyn 1715 yr oedd gan yr SPCK 68 o ysgolion yng Nghymru. Ar ôl y flwyddyn honno, fodd bynnag, ymlaciodd y brwdfrydedd: er i gyfanswm yr ysgolion gyrraedd 96, ni sefydlodd yr SPCK yr un ysgol yng Nghymru ar ôl 1727.[49]

Ond yn ogystal â darparu addysg fel y cyfryw, yr oedd arwyddocâd arbennig i ysgolion yr SPCK. Trwy'r rhain cafodd Griffith Jones ei brofiad cyntaf o'r hyn y gallai ysgol effeithiol ei gyflawni. Tra oedd yn gurad yn Nhalacharn, gofalodd am un o ysgolion yr SPCK yno; a phan symudodd i Landdowror maes o law bu'n dysgu mewn ysgol debyg yn y plwyf hwnnw. Saesneg oedd iaith ysgolion yr SPCK yn gyffredinol, a dangosodd Griffith Jones ei fod yn ymwybodol o anfanteision y drefn honno. Serch hynny, pan ddaeth yr ysgolion hyn i ben, gadawyd bwlch enfawr. Pwy fedrai lenwi'r bwlch hwnnw? Awgryma'r dystiolaeth fod Griffith Jones yn llwyr sylweddoli'r angen. Ac i ateb yr angen hwn cychwynnodd ysgolion ar ei liwt ei hun.[50]

Digon syml oedd ei fwriad wrth wneud hynny. Mewn llythyr a ysgrifennwyd ar ddechrau 1738, dywedodd mai 'hwy yw'r cyfrwng mwyaf tebygol o baratoi meddyliau dynion ar gyfer derbyn gwybodaeth achubol ar hyn o bryd', gan gymaint diffygion pregethu yn y wlad yn gyffredinol. Diben ysbrydol oedd iddynt, felly; nid dysgu ysgrifennu na chyfrif ond dysgu darllen, ac yn bennaf oll dysgu darllen y Beibl. Ac nid yn unig dysgu darllen y Beibl, ond hefyd cymhwyso neges y Beibl yn fyw ac yn fanwl. Unig ddiben yr ysgolion, meddai, oedd anrhydedd Duw, cynnydd ein crefydd sanctaidd, a lles ysbrydol ein cyd-greaduriaid truain, trwy eu Harglwydd a'u Gwaredwr hwy a ninnau . . .

Gorchwyl yr Ysgolion Cymreig felly yw dysgu gwybodaeth ddifrifol a sobr ynghylch erthyglau a dyletswyddau crefydd fel y'u ceir yn ein Beiblau, Credoau, a Chatecismau, gan bwysleisio'r angen am dröedigaeth oddi wrth bechod at Dduw yn Iesu Grist; gyda sancteiddrwydd yn y galon ac yn y bywyd, a duwioldeb ymarferol, yn ffrwyth angenrheidiol ffydd achubol. [51]

Sylweddolai i'r dim y byddai canlyniadau eraill yn siwr o ddilyn. O ddysgu darllen, byddai byd newydd sbon yn agor i werin Cymru. Ond nid dyna ei brif ddiddordeb wrth gychwyn ei ysgolion. Heblaw'r cyfle uniongyrchol i gyflwyno a chymhwyso'r efengyl i eneidiau anghenus, rhagwelai y byddai'r ysgolion yn codi rhagfur yn erbyn rhai o'r peryglon amlycaf i achos gwir grefydd Ysgrythurol—Pabyddiaeth, Deistiaeth, Ariaeth, ac Anffyddiaeth. Manteisiai Pabyddiaeth yn arbennig ar anwybodaeth y werin; gwaith yr ysgolion oedd symud yr anwybodaeth honno. Gallent hefyd ddiwygio moesau'r bobl yn gyffredinol trwy eu dysgu i ofni Duw a chadw ei orchmynion. Byddai economi'r wlad yn siwr o fod ar ei fantais o'r herwydd: diflannai seguryd, cynyddai diwydrwydd, byddai gweision fferm yn fwy bodlon ar eu byd yng nghefn gwlad Cymru yn hytrach nag ymadael i geisio gwaith ym mhorfeydd brasach Lloegr. A deuai manteision gwleidyddol hefyd: byddai ofn Duw yng nghalonnau pobl yn atalfa rhag y math o wrthryfel a welwyd yn yr Alban ym 1745. [52]

Ond wedi dweud hyn i gyd, erys y ffaith mai cyflwr eneidiau a wasgodd fwyaf arno wrth gychwyn ei ysgolion. 'Gosodwyd baich mawr ar y galon, ac achoswyd gofid poenus,' meddai, 'gan y darganfyddiad trist o anwybodaeth anwar, helaeth, a chyffredinol mewn pethau sy'n ymwneud â iachawdwriaeth'. Gwaeth fyth oedd presenoldeb salwch peryglus—teiffws, mae'n debyg—yn ardal Llanddowror yn hydref 1731, a llawer yn wynebu tragwyddoldeb heb obaith ganddynt, a heb Dduw yn y byd. Yr amgylchiadau hyn a'i

45

cyffrôdd i sefydlu'r ysgolion cyntaf, yn ôl pob tebyg o gwmpas 1731-2. 'Ysgolion elusennol' oedd yr enw a roddwyd arnynt ar y cychwyn gan eu bod yn rhad ac am ddim i'r disgyblion, ond erbyn 1737 yr oedd elfen ychwanegol yn yr enw, sef 'cylchynol'. A rhoi'r enw llawn arnynt, yr oeddynt bellach yn 'Circulating Welch Charity Schools'. Ysgolion elusennol oedd gan yr Ymddiriedolaeth Gymreig a'r SPCK; nid oedd y syniad am addysg rad yn wreiddiol o gwbl, felly. Yr un modd gyda'r drefn gylchynol: yr oedd nifer o ymdrechion wedi bod yn Lloegr o'r Oesoedd Canol ymlaen i drefnu ysgolion a fyddai'n symud o fan i fan, ac yr oedd yr SPCK wedi ymgymryd â menter debyg yn Ucheldiroedd yr Alban yn fwy diweddar. Yr hyn a wnaeth Griffith Jones oedd nid cyflwyno syniadau a dulliau gwreiddiol ond cymryd syniadau a dulliau a oedd eisoes ar gael a'u cymhwyso'n hynod o effeithiol i'r sefyllfa Gymreig.[53]

Cychwynnodd yn Llanddowror, ei blwyf ei hun. Erbyn 1737-8, yr oedd 37 o ysgolion, ac erbyn 1739-40 gallai gyfrif 150 ohonynt gyda 8,767 o aelodau. Yn Nyfed yr oedd y cynnydd mwyaf; yr oeddynt hefyd wedi cyrraedd Morgannwg, ond bu ymdrechion cynnar i sefydlu ysgolion yng ngogledd Cymru yn fethiant. Yn wir, dirywiodd y rhagolygon yn y de hefyd erbyn canol y 1740au, yn ôl pob tebyg oherwydd y cysylltiad ym meddyliau llawer rhwng yr ysgolion a Methodistiaeth. Mae'r cysylltiad hwn yn haeddu sylw arbennig yn nes ymlaen, ond mae'n werth nodi yma i Griffith Jones bwysleisio dro ar ôl tro fod yr ysgolion yn gwbl annibynnol ar Fethodistiaeth. Ymddengys i'w bwyslais cyson ddileu'r ofnau a'r amheuon o dipyn i beth, oherwydd yn ail hanner y 1740au dechreuodd yr ysgolion ennill tir unwaith eto. Erbyn 1750 yr oedd 142 o ysgolion, a rhwng 1757 a'i farwolaeth ym 1761 yr oedd y nifer yn gyson dros y 200 bob blwyddyn, gyda llawer ohonynt bellach yn y gogledd hefyd. Cafwyd y nifer uchaf o ysgolion (220) ym 1757, a'r nifer uchaf o aelodau (9,834) y flwyddyn wedyn.[54]

Yr oedd trefnu'r rhaglen hon yn golygu ymdrech ddiflino dros gyfnod hir. Yn ystod y blynyddoedd 1737-61, cofnodir cynifer â 3,495 o ysgolion a 158,237 o aelodau yn adroddiadau *Welch Piety*. Dangoswyd bellach fod mathemateg yr adroddiadau ychydig yn wallus: y ffigurau cywir yw 3,324 o ysgolion a 153,835 o ddisgyblion—ond o'r braidd fod y newidiadau bach yma yn mennu dim ar swmp gwaith Griffith Jones. A dweud y gwir, dim ond crafu'r wyneb mae'r ffigurau hyn beth bynnag. O gofio sylw Griffith Jones fod yr athrawon yn dysgu dwywaith neu deirgwaith gymaint o bobl gyda'r nos ar ben yr aelodau swyddogol yn ystod y dydd, efallai fod y cyfanswm a ddysgwyd yn yr ysgolion hyn rhwng 250,000 a 300,000—a gallai fod cryn dipyn yn uwch eto. Mae'n anodd iawn cael hyd i ffigurau cwbl ddibynadwy, ond o'r 300,000 a amcangyfrifwyd mae'n bosibl mai oedolion oedd eu hanner. Anos fyth yw gwybod i sicrwydd pa mor llwyddiannus oedd yr ysgolion wrth ddysgu'r aelodau i ddarllen, ond gellid tybio fod dau o bob tri wedi cael rhyw grap ar ddarllen. Golygai hyn fod rhyw 200,000 o drigolion Cymru yn medru darllen i raddau mwy neu lai, a hynny ar adeg pan nad oedd poblogaeth y wlad ond rhywfaint dros 450,000. Canlyniad y gwaith anhygoel hwn oedd mai Cymru oedd un o'r gwledydd cyntaf yn y byd modern i fod yn llythrennog—ac aeth y sôn am gamp Griffith Jones mor bell â chlustiau Catrin Fawr yn Rwsia.[55]

Cyn gofyn pam y bu'r ysgolion mor llwyddiannus, nid drwg o beth fyddai aros i gael cip ar y dull o'u cynnal. Yn ffodus, mae gennym ddisgrifiad manwl ohonynt gan Griffith Jones ei hun. Yr arfer, meddai, pan ddymunid cael ysgol mewn rhyw blwyf neu'i gilydd, oedd dewis eglwys neu dŷ gwag yn fan cyfarfod. Yna cyhoeddid y cynhelid ysgol yno ar amser penodedig, lle y dysgid pawb yn rhad ac am ddim dros gyfnod o dri mis—neu'n hwy petai digon o alw. Yr oedd yn rhaid i'r athro nid yn unig ddysgu'r disgyblion i ddarllen ond hefyd eu hyfforddi yng Nghatecism yr Eglwys o leiaf ddwywaith bob dydd, gan ymdrechu i sicrhau fod gwirioneddau'r Catecism yn cael eu deall yn drwyadl. Ar ôl y cateceisio, fore a nos, cenid salm ac offrymid gweddi. Cedwid manylion am enwau, oedrannau, galwedigaethau, a safonau dysgu'r disgyblion gan yr athro; nodid hefyd ar ryw fath o gofrestr bresenoldeb y disgyblion, ac ar sail y wybodaeth

47

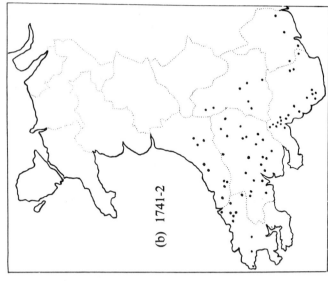

(a) 1740-1

(b) 1741-2

Lleoliad Ysgolion Cylchynol Griffith Jones

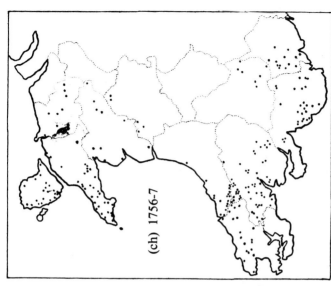

(ch) 1756-7

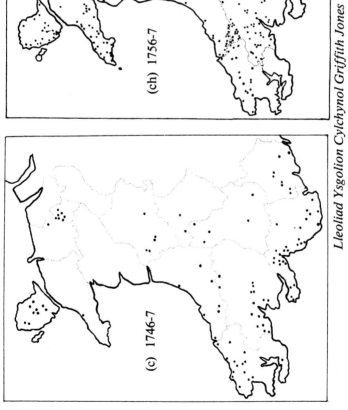

(c) 1746-7

Lleoliad Ysgolion Cylchynol Griffith Jones

49

honno byddai'r athro yn cael ei dalu. Ar ddiwedd y tri mis âi'r athro at Griffith Jones, gan gyflwyno iddo'r manylion hyn ynghyd â thystysgrifau gan glerigwyr lleol i ddangos eu bod yn gywir a bod yr athro wedi ymddwyn yn barchus tra oedd yn yr ardal.[56]

Gallwn ymhelaethu ar ambell agwedd ar yr amlinelliad cyffredinol hwn. Yr oedd cyfnod trimisol yr ysgol fel arfer yn ystod y gaeaf, gan fod y gweision fferm yn fwy rhydd i ddod yr adeg honno. Agorid y drysau i oedolion ac i blant fel ei gilydd, er i ysgolion nos arbennig gael eu sefydlu i'r oedolion gyda datblygiad cyffredinol y gwaith. Y Beibl, Catecism yr Eglwys, a'r Salmau Cân—fel arfer wedi eu darparu gan yr SPCK—oedd y gwerslyfrau, ynghyd ag ambell lyfr arall a ysgrifennodd Griffith Jones ei hun ar gyfer helpu'r athrawon a'u disgyblion. Er bod y deunydd yma yn gyfyng ac yn ddiflas ym marn addysgwyr heddiw (gan gynnwys addysgwyr crefyddol), honnodd Griffith Jones mai dim ond chwech neu wyth wythnos oedd eu hangen ar y disgyblion mwyaf cyflym er mwyn iddynt ddysgu darllen Cymraeg. Yr oedd dull y dysgu yn fecanyddol ond yn effeithiol. Gwyddai'n iawn am berygl cymryd pethau'n ganiataol. O ganlyniad, pwysleisiai'r angen i'r athro ddarllen ychydig o frawddegau ei hun, i'r disgybl eu darllen ar ôl yr athro, ac i'r cyfan gael ei ailadrodd hyd nes i'r disgybl ddarllen y brawddegau yn rhwydd. Efallai nad oedd y dull hwn yn arbennig o gyffrous, ond fe sicrhaodd fod y disgybl yn meistroli elfennau sylfaenol darllen yn drwyadl ac yn llwyddiannus.[57]

A llwyddo a wnaeth yr ysgolion—llwyddo'n rhyfeddol o gofio'r holl waith o drefnu ystafelloedd, athrawon, arian digonol, llyfrau, ac ati. Ac o gofio fod Griffith Jones yn 48 oed cyn mentro ar y gwaith o gwbl! Beth sy'n cyfrif am y llwyddiant hwn? Beth a barodd i Griffith Jones lwyddo lle'r oedd eraill o'i flaen wedi methu?

Mae un peth yn amlwg ddigon: yr oedd Griffith Jones yn cwrdd ag angen mawr. Ond nid yn unig yr oedd angen: yr oedd hefyd ymwybyddiaeth o angen, yr oedd dyhead cyffredinol am y math o addysg y gallai Griffith Jones ei ddarparu. Bellach mae gennym gyfundrefn addysg gynhwysfawr, ond o'r braidd y gellir dweud fod plant heddiw yn awchus am gael mynd i'r ysgol. Nid oedd hynny'n wir adeg sefydlu'r ysgolion cylchynol. Cyfeiria Griffith Jones dro ar ôl tro at y newyn a'r syched am wybodaeth a nodweddai'r bobl; yr unig gŵyn a oedd ganddo oedd ei anallu i ddarparu digon o ysgolion i gwrdd â'r angen. Yr oedd pobl yn fodlon gweithio am ran o'r wythnos yn unig er mwyn ennill eu tamaid i'w cynnal yn yr ysgol weddill yr wythnos. Yr oedd eraill yn barod i dalu pobl i gymryd eu swyddi dros dro neu hyd yn oed i gardota er mwyn manteisio ar y cyfle i fynychu'r ysgol. Sonia Griffith Jones am rai hen bobl a wylai'n hidl am nad oeddynt wedi cael cyfle tebyg yn eu dyddiau ifainc, ac yr oedd eraill o'r genhedlaeth hŷn yn barod i ddysgu gan eu plant gartref yr hyn a ddysgasai'r plant yma yn yr ysgol.[58]

Beth oedd yn gyfrifol am y dyhead dwfn yma? Yr ateb arwynebol fyddai dweud fod y Cymry yn ymwybodol o'u diffyg addysg, o'u hanwybodaeth, a'u bod yn awyddus iawn i symud y diffyg hwnnw. Ond nid yw bod yn ddiffygiol mewn rhywbeth neu'i gilydd o angenrheidrwydd yn golygu fod person yn crefu'n daer am symud y diffyg. Yr oedd yr un diffyg addysg, yr un anwybodaeth, wedi nodweddu dosbarth-iadau isaf y gymdeithas ers canrifoedd cyn geni Griffith Jones—ac i bob golwg yr oeddynt yn ddigon bodlon ar eu cyflwr. Pam y newid, felly? Pam yr oedd pobl yn barod i aberthu llawer o'u cysuron, o'u cyflog, o'u hamser prin, er mwyn mynychu ysgolion Griffith Jones? A heb wneud dim yno ond darllen yn fecanyddol ddeunydd crefyddol? Efallai fod y gair olaf hwn yn cynnig esboniad: yn y bôn dyhead crefyddol oedd y dyhead hwn am addysg. Nid newyn am wybodaeth fel y cyfryw oedd i'w ganfod yng Nghymru, ond newyn am Air Duw. Wrth gyfeirio ym 1759 at ymledaenu'r ysgolion i rannau newydd o Gymru, eglura Griffith Jones eu bod ar y cychwyn wedi eu gwawdio gan y trigolion yno. Ar ôl agor ychydig o ysgolion, fodd bynnag, 'rhyngodd fodd i Dduw weithio deffroad mor rhyfeddol yn eu plith nes iddynt ymysgwyd gyda gofid mawr am iachawdwriaeth eu heneidiau' —a phobl o bob oedran yn tyrru i'r ysgolion o ganlyniad. Yn ôl y dehongliad hwn, nid peth naturiol oedd y dyhead mawr am addysg ond canlyniad gwaith Duw yng nghalonnau pobl, yn eu deffro a'u hargyhoeddi o'u hangen. Oni bai am y gwaith hwnnw, cael eu gwawdio a'u gwrthod fuasai'r ysgolion.[59]

Ond wedi dweud hynny, mae'n bwysig ychwanegu i Griffith Jones ymdrechu hyd yr eithaf i wneud ei ysgolion yn dderbyniol gan bawb. Fel yr eglurwyd eisoes, yr oedd croeso i blant ac oedolion. O'r cychwyn cyntaf, yr oedd yn yr ysgolion 'bobl dlawd ac isel o oedrannau amrywiol, o chwe blwydd oed hyd ddeg a thrigain', a byddai rhieni a'u plant yn aml yn dod gyda'i gilydd. Sonia Griffith Jones droeon am rai a wisgai sbectol oherwydd eu bod yn oedrannus, ond mewn amryw o ysgolion yr oedd hyd yn oed bobl ddall yn dod yn ffyddlon i dderbyn eu cateceisio. Mae'n amlwg i'r elfennau isaf mewn cymdeithas gael eu denu i'r ysgolion, a llawer tro cawsant eu cynnal yno trwy elusen gan eraill. Y pwynt pwysig yma yw mai ar eu cyfer hwy y bwriadwyd yr ysgolion yn y lle cyntaf. Ac fe lwyddwyd i'w denu i'r ysgolion ar raddfa na allai Griffith Jones byth wedi ei rhagweld wrth gychwyn ar y fenter.[60]

Elfen allweddol arall yn y llwyddiant hwn oedd iaith yr ysgolion. Yr oedd gan Griffith Jones barch gwirioneddol at yr iaith Gymraeg. Dyma sut y cyfeiria ati wrth gyfarch ei ddarllenwyr Saesneg:

> I was born a Welchman, and have not yet unlearned the simple honesty and unpoliteness of my mother tongue; nor acquired the oiliness of the English language, which is now refined to such a degree that a great part of it is near akin to flattery and dissimulation.

Ymhyfrydai yn yr iaith, a cheisiai oleuo ei noddwyr Saesneg ynghylch ei gwerth cynhenid:

> She has not lost her charms, nor chasteness; remains unalterably the same, is now perhaps the same she was four thousand years ago; still retains the beauties of her youth; grown old in years, but not decayed. I pray that due regard may be had to her great age, her intrinsic usefulness, and that her long-standing repute may not be stained by wrong imputations. Let it suffice that so great a part of her

dominions have been usurped from her, but let no violence be offered to her life.

Ond gwelodd werth ychwanegol i'r iaith Gymraeg: sut oedd cyrraedd y Cymry uniaith ond trwy'r cyfrwng hwnnw? Yr oedd mynnu dysgu trwy'r Saesneg yn gosod maen tramgwydd ar lwybr y Cymry Cymraeg. Yn wir, yr oedd ceisio dysgu'r Cymry trwy gyfrwng Saesneg mor ffôl, meddai, â cheisio dysgu'r Saeson trwy gyfrwng Ffrangeg. Tra byddai'r werin yn ymdrechu i ennill rhyw grap ar Saesneg, 'pa fyrddiynau o eneidiau tlawd ac anwybodus sy'n gorfod cychwyn allan i bwll diwaelod a dychrynllyd tragwyddoldeb, a chael eu colli oherwydd diffyg gwybodaeth?' A sut oedd cyflwyno'r wybodaeth angenrheidiol iddynt? Dim ond trwy eu dysgu yn Gymraeg.[61]

Y cymhelliad ysbrydol yma oedd uchaf ym meddwl Griffith Jones wrth sicrhau lle priodol i'r Gymraeg yn ei ysgolion. Dyna pam yr oedd yn barod i ganiatáu Saesneg yn yr ysgolion hynny a gynhelid yn ne Penfro, ac yn fodlon gweld ysgolion dwyieithog yn yr ardaloedd am y ffin â Lloegr. Ond ynghlwm wrth ei gariad at eneidiau yr oedd yn barod i amddiffyn ei ddefnydd o'r Gymraeg ar dir addysgol. Credai fod gan y Gymraeg fanteision pendant i'r sawl a geisiai ddysgu darllen oherwydd yr elfennau ffonetig ynddi. Aeth ymlaen i bwysleisio fod medru un iaith yn dda yn gymorth mawr at ddysgu rhagor o ieithoedd maes o law. Y dadleuon hyn, a'r modd cadarn y gweithredai arnynt, sy'n rhoi lle pwysig iawn iddo yn natblygiad addysg trwy gyfrwng y Gymraeg. A'r rhain hefyd sy'n egluro pam yr oedd yr ysgolion yn dderbyniol gan werin Cymru ar raddfa nad oedd erioed yn wir am ymdrechion blaenorol trwy gyfrwng y Saesneg.[62]

Elfen arall o bwys yn llwyddiant yr ysgolion oedd yr athrawon a gyflogid. Yn ôl ei archelyn, John Evans, 'gweision neu brentisiaid a oedd wedi rhedeg i ffwrdd oddi wrth eu meistri' oedd llawer o'r athrawon hyn, ac er nad oes raid derbyn y farn honno mae'n weddol sicr eu bod yn aelodau o'r dosbarthiadau isaf mewn cymdeithas. Mae'n weddol sicr hefyd nad oedd gan y rhan fwyaf ohonynt fawr o addysg ffurfiol; yn wir, ymddengys fod llawer wedi cael crap ar ddarllen am y tro cyntaf yn yr ysgolion hyn eu hunain. Ond yr oedd ganddynt rinweddau mwy gwerthfawr o lawer yng ngolwg Griffith Jones: duwioldeb, diwydrwydd, doethineb, a difrifoldeb. Yr oedd ef yn gwbl ymwybodol o'u diffygion fel athrawon, ac fe ymdrechai i gyflwyno rhywfaint o hyfforddiant iddynt yn Llanddowror cyn eu danfon allan; ond ar eu deallltwriaeth ysbrydol, ar eu gallu i iawn ddirnad a iawn ddosbarthu gair y gwirionedd, y rhoddodd y pwyslais mwyaf. 'Gweddol gymwys mewn darllen'—dyna'r cyfan a ofynnai o ran eu cymwysterau academaidd. Pwysicach o lawer oedd eu gallu i egluro a chymhwyso'r hyn a ddarllenid, a dyna pam y mynnai ddewis y rheini a ddangosai 'fwy o argraff grefyddol ar eu meddyliau nag sy'n gyffredin'.[63]

Ymddengys nad oedd prinder athrawon i'r ysgolion. O'r braidd fod y tâl a bennwyd—rhwng £3 a £4 y flwyddyn yn ôl John Evans—yn mynd i ddenu llawer, er i Griffith Jones fod yn amheus o gymhellion curad Defynnog wrth ofyn am gael cynnal ysgol, gan dybio ei fod yn chwennych y tâl yn fwy na dim arall. Ond gellir dirnad rheswm arall am yr awydd i ddysgu yn yr ysgolion. Ymhlith yr athrawon yr oedd rhai a fyddai maes o law yn ddigon amlwg ym mywyd crefyddol Cymru, megis yr emynwyr Morgan Rhys, Dafydd Wiliam, ac Ioan Thomas Rhaeadr Gwy. Bu Howel Harris yntau'n gyfrifol am helpu trefnu'r ysgolion am beth amser. Ceir enwau nifer o Annibynwyr a Bedyddwyr selog ymhlith yr athrawon, er bod pob athro i fod yn aelod o Eglwys Loegr yn ôl rheolau'r ysgolion. A maes o law, fel y cawn weld, bu raid i Griffith Jones gyfyngu cryn dipyn ar ryddid ei athrawon am fod llawer ohonynt yn codi gwrthwynebiad i'r ysgolion ar sail eu brwdfrydedd crefyddol. Y brwdfrydedd crefyddol yma sy'n egluro pam nad oedd prinder athrawon. Wedi dysgu darllen—ac yn bwysicach, wedi dod i ddeall ac i dderbyn yr efengyl Gristnogol yn yr ysgolion—yr oedd nifer cynyddol o bobl yn awyddus i wneud cymwynas debyg â'u cyd-wladwyr. Bu raid i hyd yn oed John Evans gydnabod grym yr awydd yma: sonia am un o'r athrawon yr oedd yn well ganddo gadw ysgol i Griffith Jones am £4 y flwyddyn na gweithio gartref am £30.[64]

Er pwysiced yr ysbryd o hunanaberth ac o sêl dros eneidiau a nodweddai'r ysgolfeistr hwn a llawer o'i debyg, ni ellid trefnu'r holl ysgolion heb adnoddau ariannol sylweddol. Ac yn sicr ddigon, nid oedd yr adnoddau hyn gan Griffith Jones ei hun. Elfen arall yn ei lwyddiant, felly, oedd y modd y daeth o hyd i'r arian angenrheidiol. Y prif noddwr yn y dyddiau cynnar oedd Syr John Philipps, a rhwng 1731-2 a 1737 nid oedd angen gofyn am gymorth ar raddfa ehangach. Ar ôl marw Syr John ym 1737, fodd bynnag, rhaid oedd gwneud y gwaith yn fwy cyhoeddus, a diben *Welch Piety*, yr adroddiadau blynyddol ar yr ysgolion, oedd eu dwyn i sylw rhai a fyddai'n debygol o gyfrannu arian. Yn yr adroddiadau hyn enwir rhai unigolion a oedd yn barod i dderbyn arian ac a oedd eu hunain, mae'n debyg, yn cyfrannu'n hael. Yr hyn sy'n ddiddorol yw mai Saeson oedd y noddwyr pennaf yn y blynyddoedd cynnar. Yn nes ymlaen ychwanegwyd rhai clerigwyr o ogledd Cymru at y rhestr, ond diau mai ennill parch eu cyd-glerigwyr yn hytrach na nodi unrhyw gyfraniad ariannol personol ganddynt oedd y bwriad o'u cynnwys. Ar wahân i roddion hael Madam Bridget Bevan o Dalacharn, o'r ochr draw i Glawdd Offa y daeth y rhan fwyaf o'r arian i gynnal yr ysgolion, ffaith sy'n adlewyrchu diffyg diddordeb llawer o uchelwyr a phrif swyddogion eglwysig Cymru yng nghyflwr ysbrydol y genedl. Yn hytrach na gobeithio derbyn dim ganddynt hwy, bu raid i Griffith Jones deithio'n gyson i Gaerfaddon, lle y byddai llawer o ddosbarth bonheddig Lloegr yn treulio cyfnod bob blwyddyn i wella eu hiechyd ac i fwynhau'r bywyd cymdeithasol. Yno byddai'n ceisio nawdd ariannol gan y rhai mwy duwiol ac elusengar yn eu plith, gan ddod adref ag arian neu addewidion am adnoddau i gynnal yr ysgolion am beth amser eto.[65]

Cafwyd peth cymorth lleol hefyd. Cychwynnodd mudiad yr ysgolion ar sail 'casgliad bach gan gynulleidfa wledig dlawd adeg y Sacrament Bendigaid', a ddefnyddiwyd i sefydlu un ysgol yn gyntaf oll. Yn ychwanegol at gasgliadau tebyg ledled y wlad, cafwyd cymorth llai amlwg ar ffurf defnyddio adeiladau yn rhad ac am ddim, arolygu gwirfoddol gan rai a gydymdeimlai ag amcanion Griffith Jones, ac ysbryd hunanaberthol llawer o'r ysgolfeistri. Ac, wrth gwrs, yr oedd yr SPCK yn hael iawn wrth ddarparu Beiblau a llyfrau. Ond nid oedd amheuaeth gan Griffith Jones ynghylch gwir ffynhonnell y nawdd ariannol:

> Cychwynnwyd yr ysgolion hyn yn y lle cyntaf, ac fe'u cynhaliwyd hyd yn awr, gan amlygiadau rhyfeddol o ragluniaeth ddwyfol o'u plaid. Ni fu cronfa na sefydliad i annog cychwyn y gwaith hwn, heblaw sicrwydd llwyr mai'r diben didwyll oedd dysgu Gair da Duw a hanfodion diamheuol ei grefydd sanctaidd i eneidiau tlawd ac anwybodus. Hyn a roddodd radd ostyngedig o hyder i obeithio am fendith Duw ar yr ymgais wan a digyfaill, wedi ei bwriadu'n uniawn er gogoniant ei Enw sanctaidd.

Bwriad y gwaith oedd dwyn clod i Dduw; yr oedd bendith Duw yn amlwg ar y gwaith; byddai Duw yn siwr o ddarparu'r adnoddau ariannol angenrheidiol trwy gyffroi calonnau ei bobl i gwrdd â holl anghenion y gwaith hwnnw.[66]

Ond mae'n bwysig ychwanegu nad oedd Griffith Jones yn fodlon eistedd yn ôl a gadael i Dduw wneud y cyfan drosto. Yr oedd ganddo'r ffydd gytbwys honno a oedd yn barod i ymdrechu dros Dduw ac a oedd yr un pryd yn disgwyl pethau mawrion gan Dduw. Ac yr oedd yn fodlon gweithio'n ddygn ac yn ddiwyd, hyd eithaf ei allu, i sicrhau llwyddiant yr ysgolion. Yn wyneb anawsterau ymarferol megis prinder arian, prinder deunydd addas, prinder canolfannau poblog, prinder ffyrdd hwylus i gyrraedd pentrefi diarffordd, prinder cefnogaeth gan lawer yn ei Eglwys ei hun, brwydrodd ymlaen yn ddi-ildio. Ceisiai ganiatâd clerigwyr lleol cyn mentro i'w plwyfi, a threfnai fannau cyfarfod trwy ymgynghori â hwy neu â ffermwyr yr ardal. Gofynnai i'r clerigwyr hefyd i gadw llygad ar yr ysgolion yn eu plwyfi. Penderfynai ar faes llafur yr ysgolion, hyfforddai'r athrawon ei hun, a gwnâi ei orau i'w harolygu wedyn trwy fynnu eu bod yn danfon adroddiadau cyson ato. Ymgymerai â'r gwaith anniddorol ac anghyfleus o godi arian, cadw cyfrifon manwl, a sicrhau llyfrau, gan gynnwys ysgrifennu rhai o'r llyfrau ei hun. Cyhoeddai *Welch Piety*, ysgrifennai lythyrau di-rif yn egluro bwriad yr ysgolion, yn eu hamddiffyn rhag pob beirniadaeth, yn gofyn am fwy a mwy o lyfrau ar gyfer y disgyblion. A hyn i gyd yn ychwanegol at ei ddyletswyddau cyffredinol fel rheithor ac at ei waith cynyddol fel cynghorydd ysbrydol i'r sawl a ddeuai i gofleidio'r efengyl trwy gyfrwng ei ysgolion neu drwy ddylanwad Methodistiaeth. Dim ond gweinyddwr hynod o effeithiol a chydwybodol fuasai'n medru cyflawni'r cyfan oll. Wele ddyn a wyddai sut i 'brynu'r amser', i 'weithio tra ydyw hi yn ddydd'.

Ac wele ddyn hefyd a ddeallai i'r dim sut oedd cwrdd â'r angen. Nid gweithio mewn gwagle a wnâi, ond gweithredu'n ymarferol yn y Gymru a oedd ohoni, y Gymru a garai. Gwyddai'n iawn am dlodi'r wlad, am y boblogaeth wasgaredig, am y ffaith mai Cymry uniaith oedd y rhan fwyaf o'r trigolion. Ac fe drefnai'r ysgolion yn y fath fodd ag i gwrdd â'r anghenion penodol hyn. Wrth i'r ysgolion gyfarfod am gyfnod byr yn unig, a hynny yn y gaeaf, nid oedd eu tlodi yn rhwystr anorchfygol i'r werin. Ac yr oedd yr ysgolion hefyd, wrth gwrs, yn hollol rad ac am ddim. Wrth sefydlu ysgolion cylchynol, rhai a fyddai'n symud o bentref i bentref, âi Griffith Jones at y werin yn uniongyrchol. Wrth gynnal ei ysgolion yn iaith y werin honno, gwyddai y byddai llawer gwell gobaith ganddi ddod i ddarllen—ac i ddeall yr hyn a ddarllenid. Ac wrth gyfyngu gwaith yr ysgolion i ddysgu darllen yn unig, a'r dysgu hwnnw'n seiliedig ar y Beibl a'r Catecism, deallai'n iawn mai dyna'r gorau y gellid gobeithio ei wneud o fewn yr adnoddau oedd ganddo—a bod angen gwneud hyn yn drwyadl. Y wedd ymarferol hon—y gallu i ganfod y dulliau mwyaf priodol i gwrdd ag angen arbennig ac i weithredu'r dulliau hyn yn egnïol ac yn ddyfal—sy'n egluro llwyddiant ei ysgolion.

Ond unwaith eto, mae'n rhaid pwysleisio nad felly y gwelai ef ei hun reswm dros y llwyddiant hwn. Dro ar ôl tro cyfeiria at ffynhonnell arall, gan nodi sut y mae Duw yn ateb gweddïau ei bobl y tu hwnt i bob disgwyl, sut y mae'r Duw hwn yn gyfrifol am gynnydd a llwyddiant yr ysgolion ymhell y tu hwnt i'w freuddwydion ef ar y cychwyn. Onid Duw ei hun oedd y tu ôl i'r cynllun hwn? Oni fyddai'r Duw hwn, felly, yn sicrhau'r cyfarwyddyd addas a'r gallu angenrheidiol i'w weithredu—a'i fendith gyfoethog ar y gweithredu hwnnw? Credai mai 'dyn annheilwng' ydoedd a fedrai rwystro datblygiad yr ysgolion; ond hyderai y byddai'r Un a oedd wedi cynnal yr ysgolion ar hyd yr amser eto yn gofalu am eu llwyddiant yn unol â'i ewyllys da. Er pob ymdrech ar ran Griffith Jones ei hun, yr oedd yn barod i gilio o'r golwg a chydnabod arweiniad, cymorth, a bendith Duw ar y cyfan oll:

> Mae'n gysur anhraethol gennym, fod Un uwchben sy'n llywodraethu ar bob dim: Un sydd â'i achos ei hun a'i bobl i gyd dan ei ofal tirion yn ddi-baid. Ef sy'n llywio cwrs a chanlyniad y cyfan oll, gan fod yn gyfarwydd â'n hamgylchiadau, a sut i'w lleddfu, ac ef a fedr drefnu pob peth i gydweithio er daioni i ni. [67]

Wynebu Gwrthwynebiad

Nid oes amheuaeth ynghylch llwyddiant yr ysgolion cylch-
ynol, a hynny ar raddfa ymhell y tu hwnt i bob disgwyl. Ym
1741, pan oedd ei waith eto ymhell o gyrraedd ei lawn dwf,
gallai Griffith Jones ysgrifennu fod yr ysgolion yn gyfrifol am
lenwi llawer o eglwysi, am ychwanegu at rif y cymunwyr, am
sefydlu addoliad teuluol mewn cartrefi di-rif, am ddysgu
miloedd ar filoedd o bobl ifainc a phobl mewn oed yng
ngwirioneddau Catecism yr Eglwys. Cyfeiriai'n gyson yn
adroddiadau *Welch Piety* at y gwella a fu ym moesau'r wlad o
ganlyniad i waith yr ysgolion: y Saboth yn cael ei barchu;
rhegi, gamblo, a meddwi yn llai amlwg; darllen y Beibl yn
disodli arferion llygredig a di-werth. A chynhwysai yn yr
adroddiadau hefyd gopïau o lythyrau a dderbyniasai gan
glerigwyr mewn gwahanol fannau, yn tystio i effeithiau
daionus yr ysgolion. 'Yn fy marn ostyngedig i,' ysgrifennodd
William Harries o Landeilo, 'yr Ysgolion Cylchynol Cymreig
yw'r bendithion mwyaf a roddwyd erioed ar yr hen
Frythoniaid, ac yn enwedig yn ein cymdogaeth ni'. Tebyg
oedd tystiolaeth curad Gelli-gaer. Yr oedd yr ysgolion wedi
cael y fath effeithiau daionus yno nes i'r plwyfolion eu
cydnabod fel 'yr elusen fwyaf daionus y gellid byth ei chynnig
tuag at hybu crefydd ymysg y tlawd a'r anwybodus'. [68]

Ond er gwaethaf y llwyddiant amlwg—neu efallai o'i
herwydd—cododd cryn wrthwynebiad i'r ysgolion hefyd. Un
elfen yn y gwrthwynebiad hwn oedd ofn ynghylch eu
canlyniadau cymdeithasol. Er i dystiolaeth y llythyrau yn
Welch Piety bwysleisio mai *diwygio* arferion cymdeithasol a
wnâi'r ysgolion, yr oedd yn ddigon eglur na ellid cynnal y

mudiad hwn ar raddfa mor eang a thros gyfnod mor hir heb gynhyrfu rhywfaint ar y dyfroedd yng nghefn gwlad Cymru. O gofio'r braw a fu ym 1745, adeg Gwrthryfel 'Bonnie Prince Charlie', digon hawdd oedd amau cymhellion a chynlluniau athrawon crwydrol a gynhaliai lawer o'u dosbarthiadau fin nos mewn mannau diarffordd. Erbyn 1756 yr oedd yn rhyfel agored rhwng Prydain a Ffrainc, ac unwaith eto gallai'r awdurdodau fod yn ddrwgdybus o unrhyw fudiad a fygythiai'r *status quo*.

Yr oedd bygythiad o'r math yma ymhell iawn o feddwl Griffith Jones. Iddo ef, nid cyfrwng i blannu uchelgais cymdeithasol na gwleidyddol yng nghalonnau'r disgyblion oedd yr ysgolion; yn wir, yr oedd yn ymwybodol o'r problemau ymarferol a allai ddeillio o unrhyw ganlyniad felly o fewn cymuned wledig glos. 'Nid bwriad y math ysbrydol hwn o elusen yw ar unrhyw gyfrif eu gwneud hwy'n foneddigion,' ysgrifennodd, 'ond yn Gristnogion, ac yn etifeddion bywyd tragwyddol.' Ond tra gwahanol oedd dyfarniad John Evans: iddo ef, meithrinfa llofruddiaeth, anlladrwydd, godineb, afledneisrwydd, gau athrawiaeth, heresi, a sism oedd yr ysgolion, a'r canlyniad yn niwed mawr i'r wlad. Nid oes angen rhoi gormod o goel ar y cyhuddiadau hyn. Mae'n amlwg iddynt darddu o ysbryd cenfigennus ac o gasineb personol at Griffith Jones. Ond gallai'r math hwn o enllibio ddylanwadu er niwed i dwf yr ysgolion, ac mae'n rhyfeddod iddynt lwyddo gymaint yn wyneb y straeon a'r sïon beirniadol yma.[69]

Pwysicach o lawer iddo ef ei hun oedd y feirniadaeth a'r gwrthwynebiad a godai'n fwy swyddogol o fewn yr Eglwys y perthynai iddi. Os bu ei bregethu'n gyfrwng i gynhyrfu'r dyfroedd eglwysig, bu ei ysgolion yn achos pryder mwy o lawer i'r rheini a ddeisyfai lonydd yn yr Eglwys. Yr oedd bodolaeth yr ysgolion yn feirniadaeth ar ddiffygion y clerigwyr; gallai eu llwyddiant fod yn dân ar groen y rhai mwy diofal yn eu plith. Ac nid oedd disgrifiadau lliwgar Griffith Jones o drueni ysbrydol y wlad a methiant alaethus yr Eglwys i wella'r sefyllfa (neu hyd yn oed ei chydnabod) yn mynd i ennill llawer o gyfeillion iddo ymhlith arweinwyr swyddogol yr Eglwys. Yr oedd ganddo gyfeillion ymhlith y clerigwyr plwyfol, wrth gwrs. Heb eu cydweithrediad parod ni fuasai'n medru sefydlu'r fath rwydwaith o ysgolion, ac mae eu llythyrau yn *Welch Piety* yn cadarnhau eu cymeradwyaeth o'i weithgarwch. Ond yr oedd eraill yn ystyried yr ysgolion yn her i'w difrawder, ac yn barod iawn i'w gwrthwynebu o'r herwydd.[70]

Gwelir y gwrthwynebiad hwn ar ei waethaf, efallai, mewn llythyr a gyfeiriwyd at Griffith Jones gan Ganghellor Bangor ac un ar ddeg o glerigwyr Sir Gaernarfon. Gan fod yr iaith wreiddiol mor lliwgar (a dweud y lleiaf), barnwyd mai gwell fyddai ei chyflwyno heb ei chyfieithu:

> Your Welch Charity Schools in their great progress have unhappily reached this corner of Caernarvonshire. We say unhappily, as their effects here are apparently so, in disturbing the conscience of poor weak people almost to distraction thro' the ignorance, to say no worse, of your schoolmasters, wresting the Scriptures to the confusion of their hearers and perhaps their own. This assertion will be made clear from the following facts. These South Wales, enthusiastic itinerants pretend to be Church of England people, and come to Church; but at nights they creep into such houses as they are able to work themselves a way to, and there delude ignorant men and lead captive silly women and children by despising the clergy and accusing them of not preaching the truth of the gospel, assuring their hearers that we are all dumb dogs, blind guides, false prophets, hirelings; that we lie in our pulpits . . .

Ymosodiad ar yr athrawon yn hytrach nag ar Griffith Jones fel y cyfryw sydd yma, ond mae'r elfen groendenau, barod-iawn-i'w-hamddiffyn-eu-hunain, yn ddigon amlwg yn yr iaith eithafol a ddefnyddir.[71]

Yn gysylltiedig â'r gwrthwynebiad o du'r clerigwyr hynny a ystyriai'r ysgolion yn fygythiad i'r *status quo* yn yr Eglwys oedd yr ofnau fod yr ysgolion hefyd yn feithrinfa i Fethodistiaeth. Er na ddefnyddir y gair hwnnw yn y dyfyniad uchod, mae'n eglur mai Methodistiaid oedd y 'crwydriaid enthiwsiastig o dde Cymru sy'n cymryd arnynt fod yn bobl Eglwys Loegr'. Ac os oedd un peth yn debygol o gynhyrfu a chythruddo Eglwyswyr a fyddai fel arall yn ddifater a di-hid, Methodistiaeth oedd hwnnw. Yr oedd honni, felly, i Fethodistiaeth ddyfod 'i'n parthau ni [Pwllheli] gydag ysgolfeistri Mr. Griffith Jones' yn sicr o godi maen

WELSH PIETY:

OR,

The Needful CHARITY

Of Promoting the

Salvation of the *Poor.*

Being an ACCOUNT of

The RISE, METHOD, and PROGRESS

Of the Circulating

Welſh Charity - Schools:

WITH THE

Nature and Antiquity of the *British Language,*
and Objections againſt continuing the Uſe of
it conſidered.

In Three LETTERS to a FRIEND.

By a CLERGYMAN of *WALES.*

He that winneth Souls, is *wiſe*. PROV. xi. 30.
They that be *wiſe*, ſhall ſhine as the Brightneſs of the
Firmament; and they that turn many to Righteouſneſs, as
the Stars for ever and ever. DAN. xii. 3.
This is a faithful Saying, and worthy of all Acceptation,
That CHRIST JESUS came into the World to ſave Sinners.
1 TIM. i. 15.

LONDON:
Printed for J. HUTTON, at the *Bible* and *Sun*
without *Temple-Bar.* MDCCXL.
[Price ONE SHILLING.]

tramgwydd ar ffordd yr ysgolion. Yr oedd hyd yn oed y rheini a gydymdeimlai â Griffith Jones ac a gefnogai waith yr ysgolion yn gallu bod yn amheus iawn o'r Methodistiaid. Un o gyfeillion clerigol mwyaf yr ysgolion yng ngogledd Cymru oedd Thomas Ellis o Gaergybi, ond ym 1746 ysgrifennodd bamffledyn yn erbyn y Methodistiaid. Dechreuodd hyd yn oed yr SPCK amau effaith yr ysgolion. Yn sgîl cyhoeddi ymosodiad llym John Evans ym 1752, danfonodd yr SPCK air at Syr John Philipps, mab y Syr John a oedd wedi bod yn gymaint o gyfaill i Griffith Jones ar gychwyn ei yrfa, i holi ynghylch y sefyllfa. Cafwyd ateb a bwysleisiodd gyfraniad gwerthfawr yr ysgolion yn unol ag amcanion swyddogol yr SPCK, ond yr oedd y ffaith i'r gymdeithas ddechrau drwgdybio ar ôl eu holl gefnogaeth ar hyd y blynyddoedd yn dangos pa mor beryglus i lwyddiant yr ysgolion y gallai'r cyhuddiadau am gysylltiadau Methodistaidd fod. [72]

Sut oedd Griffith Jones yn ymateb i'r gwrthwynebiad, i'r feirniadaeth, i'r cyhuddiadau ciaidd, i'r bygythiadau i'r ysgolion? Gwyddai'n iawn y codai protest yn erbyn ei waith, ond nid ofnai ddyn: yr hyn oedd yn hanfodol bwysig ganddo oedd nid beth a ddywedai'r byd amdano ond beth a ddywedai Duw. Gan hynny, yr oedd yn barod i ymwroli yn wyneb pob problem a rhwystr. Brwydro ymlaen, dyfalbarhau, ymroi'n ddiwyd i'r gwaith a roddasai Duw iddo—dyna'r nodyn cadarnhaol a bwysleisia dro ar ôl tro yn ei lythyrau. Yr oedd bod yn gadwedig trwy ffydd ym Mab Duw yn golygu cyflwyno ei fywyd yn aberth i'w Waredwr, i'w wasanaethu ef ac i geisio rhyngu ei fodd o hyn allan ym mhob dim. Ac yr oedd hyn yn cynnwys sefyll yn gadarn a pharhau'n ddyfal yn y frwydr ysbrydol 'p'un bynnag ai'r pethau melys ynteu'r pethau chwerw a ddaw amlaf i'n rhan'. I'w annog ymlaen yng nghanol treialon, ymgysurai mewn tri pheth: yn gyntaf, y ffaith mai Duw oedd wedi ordeinio'r treialon hynny er ei les yn y pen draw; yn ail, fod Iesu Grist yn medru ei gynnal yn gadarn ym mhob gorthrymder; ac yn drydydd, fod y dydd yn nesáu pan fyddai gwaith drosodd ac y ceid gwobr i'w mwynhau. Yn y cyfamser, gallai gydnabod fod ymddiried yn dawel yn Nuw a throi ato'n gyson mewn gweddi i ofyn am nerth ac arweiniad wedi bod yn gymorth mawr iawn iddo erioed wrth wynebu'r holl broblemau ynghylch yr ysgolion.[73]

Ni ellir egluro agwedd Griffith Jones at y gwrthwynebiad a gododd heb roi sylw priodol i'r elfen oruwchnaturiol hon. Ar y naill law gwelai y tu hwnt i'r feirniadaeth arwynebol; credai'n gadarn mai oddi wrth Satan, archelyn Duw, y deuai pob gwrthwynebiad i waith Duw ar y ddaear. Ar y llaw arall, credai y byddai Duw yn sicr o fendithio'r gwaith yr oedd Duw ei hun yn gyfrifol amdano, er pob gelyniaeth a gwg. Dyna pam y medrai fynd ymlaen mor siriol a gobeithiol. Gallai wenu wrth feddwl am ymdrechion ei elynion i wenwyno'r berthynas rhwng ei esgob ac ef. Nid oedd ganddo ddylanwad personol gyda swyddogion ei esgobaeth i sicrhau eu ffafr; ond yr oedd ganddo Dduw a fedrai ddymchwelyd pob cynllwyn yn ei erbyn, gan roi rhyddid iddo i ddal ati yn ei waith. Tra ymddiriedai'n ddidwyll yn y Duw hwn, nid oedd ganddo ddim i'w ofni.[74]

Yr un pryd, ni welai pam y dylai celwyddau ei wrthwynebwyr gael eu derbyn yn wirionedd heb unrhyw fath o eglurhad neu amddiffyniad ganddo. O ran y rheini a ofnai effeithiau cymdeithasol yr ysgolion, gallai eu sicrhau ei fod ef ei hun yn ddinesydd ffyddlon a theyrngar. Gweddïai'n daer yn gyhoeddus dros y brenin a'r deyrnas. Cyhoeddai mai cyfeillion pennaf unrhyw lywodraeth oedd y rheini a gâi eu dysgu'n drwyadl yng nghrefydd Iesu Grist. Yr oedd yn barod iawn i gyhoeddi llythyr a bwysleisiodd fod yr addysg a roddid yn yr ysgolion yn gwneud pobl yn fwy diwyd a dibynadwy yn eu gwaith. Yn hytrach na pheri gwrthdaro neu wrthryfel cymdeithasol, yr oedd gwaith yr ysgolion yn tueddu i sicrhau perthynas fwy dedwydd a bodlon rhwng pawb a'i gilydd. Pe na bai'r werin ond yn cael eu dysgu i adnabod ac i ofni Duw, deuent yn 'ddinasyddion teyrngar, plant ufudd, gweision gonest a ffyddlon, a chymdogion tangnefeddus; yr hyn sy'n llythrennol wir am bob person, mi a obeithiaf, a ddysgir yn yr ysgolion cateceisiol hyn'.[75]

Beth am elyniaeth neu ddrwgdybiaeth ei gyd-Eglwyswyr? Ymdrechai Griffith Jones i ddangos nad oedd yr ysgolion i wneud dim nad oedd yn hollol unol ag arfer ac athrawiaeth

Eglwys Loegr. Ni sefydlai ysgolion ond trwy wahoddiad neu ganiatâd y clerigwyr lleol, a cheisiai eu cydweithrediad wrth arolygu gwaith yr ysgolion a'r ysgolfeistri. Catecism yr Eglwys oedd un o golofnau'r maes llafur. Yr SPCK, cymdeithas Eglwysig, a roddai nawdd hael wrth ddarparu Beiblau a chopïau o Gatecism yr Eglwys. Mynnai sicrhau hyd eithaf ei allu mai aelodau o Eglwys Loegr oedd ei athrawon, a lle nad oedd hyn yn bosibl ymddengys iddo gymell yr Ymneilltuwyr yn eu plith i dderbyn y cymun yn eglwys y plwyf. Cyhoeddai lythyrau gan glerigwyr i ddangos mor falch yr oeddynt o gael ysgolion yn eu plwyfi, ac un o'r pethau a roddai'r boddhad mwyaf iddo oedd medru datgan fod yr eglwysi'n llawer llawnach bellach a'r aelodau'n medru adrodd Catecism yr Eglwys yn ystyrlon. Mynegodd obaith y byddai esgobion Cymru yn rhoi eu pwysau sylweddol y tu ôl i'r gwaith—er iddo resynu lawer tro, mae'n siwr, na roesant glyw i'w alwad. [76]

Ond yr oedd yn rhaid gwneud rhywbeth am yr elfennau Methodistaidd o fewn mudiad yr ysgolion, neu fe fyddai'r gwaith yn dirwyn i ben yn sydyn. Cawn gyfle eto i ystyried y berthynas rhwng Griffith Jones a'r Methodistiaid yn fwy cyffredinol; yma cyfyngwn ein sylw i'r perygl a welai Griffith Jones wrth i'r Methodistiaid gael eu cysylltu'n ormodol â gwaith yr ysgolion. Protestiai Griffith Jones nad oedd cysylltiad fel y cyfryw: onid oedd yr ysgolion ar waith cyn bod sôn am Fethodistiaeth? Ond nid oedd protest geiriol yn ddigon i wrthsefyll drwgdybiaeth, yn enwedig ymhlith y clerigwyr. Ysgrifennwyd ato ym 1747 gan Elias Thomas, gweinidog dau blwyf yng Ngwent: 'Bûm yn un o'r rheini a oedd yn rhagfarnllyd yn erbyn yr Ysgolion Cylchynol Cymreig, gan amau eu bod yn tueddu i hybu Methodistiaeth a dirmyg tuag at y clerigwyr plwyfol; hyd nes i mi gael cyfle, ryw bymtheg mis yn ôl, i ddarllen eich *Letter to a Clergyman* rhagorol a doeth, trwy'r hwn y cefais fy argyhoeddi eu bod yn gyson â chyfansoddiad ein Heglwys'. Os oedd agwedd wreiddiol y gŵr hwn yn nodweddiadol o'i gyd-glerigwyr yn gyffredinol, yr oedd yn rhaid gwneud rhywbeth go lym i symud pob amheuaeth. [77]

Nid dyna unig gymhelliad Griffith Jones i weithredu. Yr oedd tuedd gynyddol ymhlith rhai o'r Methodistiaid i ddibrisio holwyddori a dysgu gwirioneddau sylfaenol y ffydd Gristnogol, a gwelai berygl mawr yn hyn o beth. Wrth bwysleisio ailenedigaeth, bywyd Duw yn enaid dyn, a'r gorfoledd sy'n dod yn sgîl y profiad o faddeuant pechodau, efallai fod rhai Methodistiaid yn euog o beidio â rhoi lle priodol i athrawiaeth iachus, ac ofnai rheithor Llanddowror y byddai hyn nid yn unig yn eu harwain hwy eu hunain ar gyfeiliorn ond hefyd yn cael effaith anffodus ar ddisgyblion yr ysgolion. Gallai gwaith blynyddoedd gael ei ddifetha mewn chwinciad. Gallai'r holl fframwaith o ysgolion gael ei ddefnyddio i gyflwyno gau bwyslais ar deimladrwydd a fyddai'n peri niwed ysbrydol i eneidiau anghenus.[78]

Beth oedd i'w wneud? Erbyn 1745 daethai Griffith Jones i'r casgliad fod rhaid carthu'r elfennau eithafol-Fethodistaidd allan o'r ysgolion. Yn y flwyddyn honno cyhoeddodd lyfr o reolau ar gyfer ei athrawon. Yr oedd yn rhaid i athro gyflwyno'r rhain i'r clerigwr a'r sgweier lleol, ac yr oedd ganddynt hwy ac eraill hawl i ymweld â'r ysgolion. Yn wir, ni châi'r athro ei gyflog heb dystysgrif gan y clerigwr i ddangos ei fod wedi cynnal yr ysgol mewn modd gweddus, ac oni wnâi'r athro hynny câi'r clerigwr gael gwared ag ef yn y fan a'r lle. Er mwyn cadarnhau'r cysylltiad rhwng yr ysgolion a'r Eglwys, yr oedd yn rhaid i'r disgyblion fynychu gwasanaethau eglwys y plwyf bob Sul; ac ar y dydd Llun canlynol yr oedd yn rhaid i'r ysgolfeistr eu holi ynghylch y bregeth.[79]

Gobaith Griffith Jones oedd y byddai'r cwlwm tynnach hwn rhwng yr ysgolion ac Eglwys Loegr yn sicrhau gwell arolygu dros yr ysgolfeistri. Ei ofn mwyaf oedd y byddai sêl eithafol rhai ohonynt yn dwyn enw drwg ar fudiad yr ysgolion yn gyffredinol; ac yr oedd am osgoi hynny, costied a gostiai. Dengys yr ystadegau iddo lwyddo yn ei amcan. Lle'r oedd y 150 o ysgolion ym 1740 wedi syrthio i 74 erbyn 1744, i raddau helaeth oherwydd y gwrthwynebiad cynyddol i Fethodistiaeth, o 1745 ymlaen tyfodd y nifer o ysgolion eto: 120 yn y flwyddyn honno, 136 ym 1748, 163 ym 1755, a 220 ym 1757. Bu'r cynnydd hwn, yn y blynyddoedd cyntaf o leiaf, ar draul perthynas Griffith Jones â'r Methodistiaid, fel y cawn weld eto. Yn lle cydweithio hapus rhyngddynt, yr oedd eu perthynas ar adegau yn ddigon chwerw. Ond o leiaf achubwyd yr ysgolion rhag cael eu gwrthod gan fwy a mwy o blwyfi. Tyfodd yr ysgolion, a thyfodd Methodistiaeth—ond i raddau helaeth o 1745 ymlaen yr oedd tyfiant y ddau fudiad yn annibynnol ar ei gilydd.[80]

Serch hynny, ni pheidiodd y gwrthwynebiad i Griffith Jones. Ym 1750 cyhoeddwyd *A Letter to the Reverend Mr George Whitefield*, a honnai mai Griffith Jones a oedd yn bennaf gyfrifol am gynnydd Methodistiaeth ac mai ei ysgolion meithrin—meithrin Methodistiaeth—oedd un o'r dulliau mwyaf effeithiol o wneud hyn. Nid oedd enw wrth y pamffledyn hwn, nac wrth y *Second Letter to the Reverend Mr George Whitefield* a ymddangosodd flwyddyn yn ddiweddarach ac a wnaeth yr un cyhuddiadau. Ond mae'n sicr mai John Evans a ysgrifennodd y trydydd cyhoeddiad, sef *Some Account of the Welsh Charity-Schools, and of the Rise and Progress of Methodism in Wales, Through the Means of Them, under the Sole Management and Direction of Griffith Jones, Clerk, Rector of Llanddowror in Carmarthenshire* (1752), ac mae'n fwy na thebyg fod rhyw gysylltiad rhwng John Evans a'r ddau bamffledyn arall. Cyfeiriwyd at Evans fwy nag unwaith eisoes. Fe'i ganed ym Meidrim, ger Llanddowror, ym 1702, a bu'n rheithor Eglwys Gymyn o 1730 hyd ei farw ym 1781, er iddo fyw yn Llundain am y rhan fwyaf o'r amser yma gan ei fod yn gaplan brenhinol. Efallai iddo genfigennu wrth lwyddiant Griffith Jones; yn sicr, nid oedd ganddo gydymdeimlad ag unrhyw fath o Fethodistiaeth. Cafodd wared â Peter Williams, ei gurad yn Eglwys Gymyn a Methodist adnabyddus, er enghraifft, am bregethu ar bynciau mor sylfaenol â phechod gwreiddiol, cyfiawnhad trwy ffydd, a'r angen am ailenedigaeth—ac nid oedd y ffaith i Williams wedyn gael noddfa yn Llanddowror yn debygol o ennyn cyfeillgarwch rhwng Evans a Griffith Jones. Yr oedd pamffled John Evans yn ymosodiad llym—onid enllibus—nid yn unig ar yr ysgolion ond hefyd ar Griffith Jones ei hun. Ei fwriad oedd profi cyfrifoldeb Griffith Jones am 'heresi'

Methodistiaeth, ac nid yw'n arbed dim wrth geisio dyfarnu Griffith Jones yn euog. Haerodd fod Griffith Jones yn fwy o Ymneilltuwr nag o Eglwyswr, ei fod yn 'Fethodist' hyd yn oed cyn i 'Fethodistiaeth' gychwyn, ac mai trwy gyfrwng yr ysgolion yr ymledai Methodistiaeth trwy Gymru.[81]

Ymddengys mai methu a wnaeth John Evans yn ei ymgais i ddwyn gwarth ar enw Griffith Jones. Dal i gynyddu a wnâi'r ysgolion am flynyddoedd ar ôl cyhoeddi'r ymosodiad ym 1752. Efallai fod effeithiau daionus yr ysgolion yn ddigon amlwg erbyn hynny i fedru gwrthsefyll y math o sen a oedd yng ngwaith John Evans. Mae'n wir hefyd iddo fynd yn rhy bell yn ei ymosodiad, nid yn unig yn y geiriau eithafol o gas a ddefnyddiodd i ddisgrifio Griffith Jones ond hefyd yn yr anwireddau hysbys a fynegodd—megis fod Howel Harris yn ddisgybl i Griffith Jones am bymtheng mlynedd cyn cychwyn Methodistiaeth, ac mai Griffith Jones oedd yn rhannol gyfrifol am sefydlu'r Clwb Methodistaidd yn Rhydychen. Os oedd yr haeriadau hyn mor amlwg ddi-sail, nid oedd gormod o bwys i'w roi ar ei gyhuddiadau eraill.[82]

Gwelir ymateb Griffith Jones i'r feirniadaeth hon yn adroddiadau *Welch Piety*. Yno dengys dro ar ôl tro mai dim ond gweithredu'n unol ag arfer ac athrawiaeth Eglwys Loegr a wna. Nid hybu Methodistiaeth oedd diben ei ysgolion, ond hyfforddi pobl anwybodus yn y gwirioneddau Cristnogol trwy ddefnyddio'r Beibl a Chatecism yr Eglwys. Mae'n wir iddo ymateb braidd yn chwyrn i'r *Letter to Whitefield* cyntaf, ond nid felly pan ymddangosodd cyfrol John Evans. 'A ddylai'r teithiwr gael ei gynhyrfu gan yr anifeiliaid bach sy'n cyfarth arno ar ei daith, neu sefyll i gywiro eu hanghwrteisi?' gofynna ym 1754. Yr oedd ganddo waith i'w wneud. Credai mai Duw a roddasai'r gwaith hwnnw iddo. Gwyddai y deuai gwrthwynebiad i geisio rhwystro'r gwaith, ond ni allai hyd yn oed y feirniadaeth fwyaf creulon ei droi allan o'i ffordd:

> Ni fedrwn fynd ymlaen yn y ffordd iawn heb benderfyniad cadarn i oddef gorthrymderau ac i ddirmygu cywilydd; gan efelychu'r hwn a oddefodd y cywilydd a'r dioddefaint mwyaf er ein mwyn ni, ac sydd yn awr yn paratoi coronau anrhydedd ar gyfer y sawl sy'n ei ddilyn.[83]

Lleufer Dyn yw Llyfr Da

Mae patrwm amlwg i holl weithgarwch Griffith Jones. Ei awydd mawr oedd gwasanaethu ei Waredwr; ac fe'i gwelwn ef yn mynd o gam i gam wrth geisio'r ffordd orau o gyflawni'r gwasanaeth hwnnw. Gadewch inni grynhoi'r camau. Dechreuodd trwy bregethu i'w gynulleidfaoedd plwyfol. Profai gryn lwyddiant, ond galarai am nad oedd ei bregethu yn cyffwrdd â thrwch y boblogaeth. Yn un peth, daeth i weld fod modd i bobl wrando ar bregeth heb ddeall fawr ddim o'r hyn a bregethwyd. Yn ail, ni allai ef ei hun fod ond mewn un man ar y tro—ac er iddo roi ei fryd ar fod yn ffyddlon yn y fan honno, gwyddai fod llawer ardal arall yng Nghymru yn cael ei hesgeuluso'n llwyr. Un ateb i'r problemau hyn oedd defnydd effeithiol o'r catecism. Trwy holwyddori trwyadl gallai sicrhau fod ei wrandawyr yn deall ei neges; a thrwy gymell eraill i ymgymryd â'r dull hwn o ddifrif deuai gobaith i'r cylchoedd eraill lle nad oedd pregethu cyson i'w gael. Ond daeth i weld maes o law fod effaith yr holwyddoreg yntau'n gyfyngedig tra na allai'r werin ddarllen. A beth bynnag, nid oedd sicrwydd fod ei anogaethau ynghylch cateceisio yn cael derbyniad gwresog ym mhobman. Cychwynnodd mudiad yr ysgolion, felly, yn ymgais ganddo i ddysgu'r werin i ddarllen er mwyn iddynt ddeall gwirioneddau'r catecism yn well; a hyn yn ei dro yn peri eu bod yn elwa'n fwy ar y pregethau a glywent neu'n cael rhyw grap ar sylfeini Cristnogaeth os oeddynt yn amddifad o bregethu da a rheolaidd. Yr ysgolion hyn, meddai, oedd y dull mwyaf addawol o ddeffro pobl a pharatoi eu meddyliau i dderbyn gwybodaeth achubol ar adeg pan oedd y dull arferol, sef pregethu, fel petai dan felltith oherwydd esgeulustod yr Eglwys ei hun.[84]

Yn ogystal â'r dwysáu hwn, y chwilio hwn am ffyrdd mwy effeithiol o gyflawni ei wasanaeth, gwelwn hefyd ehangu maes ei weithgarwch. Yn lleol, ymdrechai i wneud ei waith ymhlith ei blwyfolion ei hun yn fwy effeithiol trwy'r dulliau uchod—pregethu, holwyddori, a dysgu darllen. Ond o dipyn i beth ymestynnai ei weithgarwch i ardaloedd eraill: pregethai mewn plwyfi eraill, galwai ar bobl ledled Cymru i ailafael yn y catecism, sefydlai rwydwaith o ysgolion a gyrhaeddai gyrrau eithaf y wlad. Er na theithiai ledled Cymru'n bersonol yn null Howel Harris, nid oedd yr un sir heb brofi effaith yr ysgolion. O bencadlys Llanddowror, ymledai ei ddylanwad i bob twll a chornel o'r wlad a garai yn ei ymgais i ddod ag efengyl Iesu Grist iddi.

Ond yr oedd eto rywbeth yn eisiau cyn y gallai wneud hyn yn hollol effeithiol. I gadarnhau ac ategu ei bregethu ei hun, mantais fawr fyddai cael llyfrau da i'w rhoi i'r bobl; gymaint mwy oedd eu hangen yn yr ardaloedd hynny lle'r oedd pregeth yn beth prin—a phregeth werth ei chlywed yn beth prinnach fyth. Os oedd pobl yn mynd i ystyried o ddifrif ei alwad i gateceisio, rhaid oedd darparu copïau o'r catecism—a gorau i gyd petai modd cael llyfrau a fyddai hefyd yn egluro a chymhwyso'r catecism. Ac o sefydlu ysgolion yn ei ardal ei hun yn gyntaf ac wedyn ledled Cymru, yr oedd yn angenrheidiol sicrhau cyflenwad digonol o ddeunydd darllen; buasai holl syniad yr ysgolion wedi methu'n lân oni bai fod llyfrau o ryw fath ar gael i'r disgyblion.

Yr oedd Griffith Jones yn gwbl effro i'r angen. Ni ellid parhau gwaith yr ysgolion yn iawn, meddai, 'heb ddarparu llyfrau addas i'r tlodion'. Ond sut yr oedd cael hyd i'r llyfrau hyn? A sut y gellid gobeithio talu amdanynt? 'Ychydig iawn o bobl Cymru, hyd yn oed ymhlith y ffermwyr, a braidd neb o gwbl ymhlith y llafurwyr, sy'n gallu fforddio prynu llyfrau ar hyn o bryd', adroddodd ym 1747, gan fod effaith cynhaeaf gwael i'w weld yn amlwg yn y wlad. Rywsut neu'i gilydd, yr oedd yn rhaid cael ffynhonnell o lyfrau—a ffynhonnell o lyfrau y gellid eu dosbarthu'n rhad.[85]

Fe gafwyd y ffynhonnell hon yn yr SPCK. O'r cychwyn cyntaf yr oedd y gymdeithas hon wedi chwilio am ffyrdd o ddosbarthu llenyddiaeth grefyddol ymhlith gwerin Prydain, ac yr oedd ei haelodau Cymreig wedi sicrhau fod Cymru yn cael ei chynnwys o fewn y ddarpariaeth pan oedd Griffith Jones eto heb ei ordeinio. O 1701 ymlaen ymddangosodd nifer o gyfrolau bychain—defosiynol eu cynnwys, gan mwyaf—yn Gymraeg. Ym 1718 cyhoeddodd y gymdeithas argraffiad o'r Beibl Cymraeg; argraffwyd deng mil o gopïau, ac fe'u gwerthwyd i gyd—ffaith sy'n cadarnhau fod newyn cynyddol am Air Duw yn y wlad. Erbyn 1727 bu raid ailargraffu'r Beibl, ac er i nifer y llyfrau Cymraeg a gyhoeddwyd leihau rhywfaint wedyn ni fu gostyngiad o gwbl yn y galw o Gymru. [86]

O gofio diddordeb yr SPCK yng Nghymru, parodrwydd y gymdeithas i noddi llenyddiaeth yn Gymraeg, a'i gysylltiad personol â hi er dyddiau'r sôn am fynd i'r India, naturiol oedd i Griffith Jones droi ati am gymorth. Ym Medi 1731, ac yntau'n meddwl am sefydlu ysgol yn Llanddowror, ysgrifennodd i ofyn a allai hi ddanfon '40 neu 50 o'r gyfrol fach o'r Beibl Cymraeg' at ddefnydd y darpar ddisgyblion. O hynny ymlaen, ceir ceisiadau lu yn ei lythyrau at yr SPCK am ragor o Feiblau, rhagor o Destamentau, rhagor o Gatecismau, rhagor o gopïau o'r Salmau Cân—a derbyniai'r rhain i gyd naill ai yn rhad ac am ddim neu am bris cost. Ar dudalennau *Welch Piety* ac yn ei lythyrau i'r SPCK cydnebydd ei charedigrwydd a'i haelioni wrth ddarparu ar y fath raddfa ac ar y fath delerau—telerau a'i galluogai ef i ddosbarthu'r llenyddiaeth yma yn rhad ymhlith y werin. 'Bydded i Dduw lwyddo aelodau teilwng y Gymdeithas er Taenu Gwybodaeth Gristionogol', oedd ei weddi ym 1750, oherwydd gwahanol 'enghreifftiau o'u cariad Cristnogol'. [87]

I Griffith Jones, y llyfr pwysicaf oll i'w ddosbarthu oedd y Beibl ei hun—'y Beibl Cysegr-lân, sydd â'r Ysbryd Glân yn Awdur iddo, gwirionedd anffaeledig yn destun iddo, a bywyd tragwyddol yn ddiben iddo.' Galarai fod cyn lleied o ddefnydd o'r Beibl, hyd yn oed mewn pregethau; un ffordd o gwrdd â'r diffyg hwn oedd dysgu'r bobl i ddarllen y Beibl trostynt eu hunain. A lle'r oedd esgeuluso'r Beibl wedi esgor ar ddirywiad ysbrydol, rhagwelai newid pellgyrhaeddol wrth roi iddo ei le priodol eto. 'Yr Ysgrythurau Sanctaidd,' meddai, 'yr hyn y maent yn cael eu dysgu i'w darllen, sydd bob amser wedi bod, ac a fydd byth, yr offeryn mwyaf grymus, mwyaf llwyddiannus, ac yn wir yr unig offeryn effeithiol i roi tröedigaeth a diwygiad i'r byd, dan fendith Duw'.[88]

Nid cyd-ddigwyddiad, felly, oedd mai'r peth cyntaf a wnaeth wedi penderfynu peidio â mynd i'r India oedd cynnig ei wasanaeth ar gyfer cywiro proflenni'r Beibl Cymraeg. Ei awydd mawr oedd gweld y Beibl yn cyrraedd y werin dlawd. Ysgrifennodd at yr SPCK ym 1714 i bwyso arnynt gyhoeddi'r Testament Newydd ar wahân mewn print brasach ar gyfer y rhai oedrannus a gwan eu llygaid. Yn yr un llythyr awgrymodd y dylid cyhoeddi rhai copïau o'r Llyfr Gweddi Gyffredin a'r Gwasanaethau Eglwysig ar wahân i'r Beibl er mwyn i'r rheini oedd â'r ddau gyntaf eisoes yn eu meddiant beidio â chael eu rhwystro rhag prynu'r Beibl ei hun. A mynegodd y gobaith hefyd y gellid symleiddio iaith y Gwasanaethau ac egluro rhai geiriau anodd yn y Salmau Cân. Pan ddaeth Beibl 1718 o'r wasg, yr oedd ymhlith y cyntaf—onid y cyntaf oll—i ofyn am gyflenwad i'w ddosbarthu ymhlith y tlodion—a chyn hir daeth yn ôl i ofyn am ragor, a rhagor, a rhagor eto. Pan sefydlwyd yr ysgolion, cynyddodd y galw—a chynyddodd ei geisiadau i'r SPCK. Derbyniasai ddeg copi yn Ebrill 1719; erbyn Ionawr 1736/7 mentrodd ofyn am 1,000; rhwng haf 1737 a diwedd Mawrth 1738 yr oedd wedi llwyddo i gael hyd i 940 o Feiblau, ond yn Ionawr 1739/40 gofynnodd am 800 yn ychwanegol. Erbyn 1740 yr oedd yn credu bod angen o leiaf 10,000 neu 12,000 arall er mwyn cwrdd â'r galw.[89]

Cymaint oedd ei awydd am weld y Beibl yn nwylo'r werin nes iddo roi'r argraff ar adegau ei fod yn diystyru'r Llyfr Gweddi Gyffredin. Gwelsom eisoes iddo awgrymu argraffu'r ddau ar wahân mor gynnar â 1714. Cododd yr un pwynt ym 1737: teimlai fod rhwymo'r Llyfr Gweddi gyda'r Beibl yn gwneud y gyfrol orffenedig yn 'rhy drwchus a llai cyfleus ar

gyfer ei chario i'r Eglwys ar ddydd Sul'. Diau fod y pris uwch
yn pwyso arno yn ogystal wrth iddo feddwl am yr hyn y
gallai'r werin fforddio ei dalu. Gwell, felly, fyddai eu
cyhoeddi ar wahân. Nid oes cofnod o unrhyw gais ganddo am
y Llyfr Gweddi fel y cyfryw, ond ceir llawer apêl am gopïau
o'r Salmau Cân—500 ym Medi 1736, a 500 eto fis yn
ddiweddarach. Erbyn Tachwedd 1738 gallai adrodd fod
digon o gopïau ganddo am y tro, ond rhagwelai y codai cryn
alw amdanynt eto cyn hir—ac ymhen llai na phedwar mis
gofynnodd am 200 ohonynt. Yn Nhachwedd 1739 derbyniodd
400 copi ychwanegol, ac ar ddechrau 1740 gofynnodd am y
cyfan a oedd ar ôl gan yr argraffwyr—rhyw 700 neu 800.
Mae'n debyg mai'r ffaith fod y Salmau Cân yn cyflwyno
dysgeidiaeth y Beibl ar ffurf hwylus a chofiadwy a oedd yn
gyfrifol am ei ddiddordeb arbennig yn y gyfrol hon. Ei
awydd ysol oedd gosod gwirionedd Duw yn nwylo'r werin; yn
nesaf at y Beibl ei hun, pa ffurf well na llyfr o'r Beibl wedi ei
osod ar gyfer ei ganu? [90]

Ond llawn cystal, efallai, oedd Catecism yr Eglwys, gan fod
hwnnw'n cyflwyno gwirioneddau'r Beibl yn syml ac yn
drefnus. Gwelwn eto ym mhapurau'r SPCK lawer cais am
gopïau o hwn: 1,000 o gopïau yn Chwefror 1738/9, 3,000 fis yn
ddiweddarach, a 4,000 erbyn dechrau 1740. Os oedd gwaith
yr ysgolion i lwyddo, rhaid oedd cael cyflenwad digonol o'r
Catecism. A gallai'r disgyblion elwa yn ogystal ar lyfrau eraill
pe bai modd eu derbyn yn rhad ac am ddim. Ysgrifennodd
Griffith Jones ei hun lyfryn i geisio darlunio'r manteision—
yn enwedig y manteision ysbrydol—o fedru darllen, ac yn
Nhachwedd 1736 gofynnodd am 4,000 copi ohono. Dos-
barthai lyfrau eraill nid yn unig ymhlith y werin ond hefyd
ymysg clerigwyr—yn Nhachwedd 1737 derbyniodd ddim llai
na 7,000 ohonynt. Yn *Welch Piety* 1744, adroddodd iddo
ddosbarthu 4,000 o Feiblau Cymraeg, bron yr un nifer o
gopïau o'r Salmau Cân Cymraeg, a llawer mwy eto o'r
Catecism. Yn ychwanegol at hyn i gyd, yr oedd wedi
dosbarthu nifer o lyfrau a thractau eraill: 4,000 o lyfrau o
weddïau am ddwy geiniog yr un, 4,000 o lyfrau ynghylch
pwysigrwydd gwybodaeth Ysgrythurol (4c), 4,000 o lyfrau ar

weddi deuluol (8c), 4,000 o lyfrau yn cyfarwyddo pobl sut i addoli Duw yn iawn (12c), 12,000 o esboniadau ar ran gyntaf Catecism yr Eglwys (6c), 8,000 o esboniadau ar Gredo'r Apostolion (12c), a 4,000 o gopïau o Salmau detholedig (9c).[91]

A'r gwir oedd mai ef ei hun oedd yn gyfrifol am ysgrifennu'r llyfrau hyn i gyd—a deuai rhagor i olau dydd cyn iddo farw. Mae cynnwys y llyfrau yma yn dangos yn glir ar beth y gosodai ei fryd, sef cyflwyno'r efengyl a gwirioneddau Cristnogol mewn modd syml i'r werin.[92]

Yn y lle cyntaf, ysgrifennai i ddangos mor bwysig oedd dod i ddarllen er mwyn deall neges yr efengyl yn well. Dyna faich ei *Cyngor Rhad yr Anllythrennog* (1737), 'yn anrheg mewn cariad i ddynion tlawd ac isel i ddysgu darllen' yn ôl y wyneb-ddalen. Yma dengys pa mor angenrheidiol yw gwybodaeth, ac yn fwyaf arbennig wybodaeth Ysgrythurol. Ei gasgliad, felly, yw y dylid mynd ati o ddifrif i ddysgu darllen er mwyn cael y wybodaeth Ysgrythurol hon. A sut oedd dod i ddarllen? Ef ei hun a ddarparodd yr ateb wrth sefydlu'r ysgolion cylchynol. Ar ryw olwg nid oedd holl gyfrolau *Welch Piety* (1740-61) ond yn egluro'r un wers, eithr ar gyfer cynulleidfa wahanol. Nid cymell ei gefnogwyr i ddarllen a wnâi yn yr adroddiadau hyn, ond eu cymell i roi'n hael er mwyn i elfennau isaf a mwyaf anwybodus cymdeithas gael cyfle i ennill y wybodaeth Ysgrythurol a allai eu hachub rhag distryw. Gwnaeth y pwynt yn gliriach fyth yn *A Letter to a Clergyman, Evincing the Necessity . . . of instructing* [*the*] *Poor . . . in Circulating Charity Schools* (1745): rhaid oedd darparu dull o oleuo meddyliau tywyll, ac nid oedd gwell cyfrwng ar gael na'r ysgolion gan eu bod yn trwytho'r disgyblion yn y Beibl a'r Catecism—ac yn gwneud hynny yn unol ag arfer ac athrawiaeth Eglwys Loegr, fel y dangosodd ei *Rheolau yr Ysgolion Cymraeg* yn yr un flwyddyn.

Yr oedd yn rhaid wrth addysg, felly; ond yr oedd yn rhaid wrth ddeunydd addas hefyd. I geisio sicrhau fod cyflenwad digonol o Feiblau i'r disgyblion, ym 1741 cyhoeddodd *An Address to the Charitable and Well-disposed in Behalf of the Poor in the Principality of Wales* i ofyn am gefnogaeth—o ran dylanwad ac o ran arian—i'r cynllun o gael argraffiad

74

newydd o'r Beibl Cymraeg (a ymddangosodd maes o law ym 1746). Nid Beiblau oedd yr unig lyfrau angenrheidiol. Ym 1741 cyhoeddodd ran gyntaf *Hyfforddiad i Wybodaeth Iachusol*, sef esboniad ar Gatecism yr Eglwys ar ffurf holi ac ateb. Dros y blynyddoedd nesaf ymddangosodd pedair o rannau eraill, sef esboniadau ar Gredo'r Apostolion, y Deg Gorchymyn, Gweddi'r Arglwydd, a'r ddau sacrament. Ym 1748 cyhoeddwyd y cyfan gyda'i gilydd am y tro cyntaf dan y teitl *Drych Difinyddiaeth*, cyfrol swmpus sy'n crynhoi prif syniadau diwinyddol Griffith Jones ac yn dangos eu cysylltiad hanfodol â bywyd duwiol a sobr. Ond mae'n debyg iddo sylweddoli fod cost a thrwch y gyfrol hon yn ormod i'r werin, oherwydd y flwyddyn wedyn cyhoeddodd grynodeb o'r gwaith dan yr enw *Hyfforddiad Gynnwys* (*sic*) *i Wybodaeth Iachusol o Egwyddorion a Dyletswyddau Crefydd*. Ac i wneud yn siwr fod hanfod y gwaith o fewn cyrraedd y werin, ym 1752 cyhoeddodd *Esboniad Byr ar Gatecism yr Eglwys*, sef crynodeb o'r crynodeb uchod. Trosodd ei esboniad ar Gatecism yr Eglwys i'r Saesneg dan y teitl *The Christian Covenant, or the Baptismal Vow, as stated in our Church Catechism* (ail argraffiad, 1762), ac yn ogystal ymddangosodd ei drosiad o'i esboniad ar Gredo'r Apostolion dan y teitl *The Christian Faith* (1762). Cyhoeddwyd hefyd *The Platform of Christianity* (1744) sef esboniad ar y Deugain Erthygl Namyn Un, gyda rhagymadrodd helaeth yn amddiffyn gwirionedd yr Erthyglau ac yn rhoi sylw arbennig i gwestiwn etholedigaeth.

Ei bwrpas wrth ysgrifennu'r llyfrau hyn oedd cyflwyno athrawiaeth Gristnogol yn syml i rai nad oeddynt ond yn dechrau arfer â darllen. Dewisai'r ffurf holi ac ateb er mwyn hybu'r syniad o gateceisio; yn wir, ym 1749 ysgrifennodd *Llythyr ynghylch y Ddyletswydd o Gateceisio Plant a Phobl Anwybodus*. Ond sylweddolai hefyd y gellid cyrraedd yr un nod trwy ddulliau ychydig yn wahanol. Ym 1743, er enghraifft, cyhoeddodd grynodeb o'r Salmau Cân er mwyn helpu'r werin i ganu mawl yn fwy deallus. 'Pob hyfforddiadau buddiol tuag at iawn addoli Duw', meddai, 'a fyddant yn ddiamau'n gymeradwy yng ngolwg y rhai a'i carant ef' (t.6). Yr un oedd bwriad yr *Hymnau Detholedig, o Waith*

Drych Difinyddiaeth :

N E U

HYF FORDDIAD

I Wybodaeth jachufol o

E G W Y D D O R J O N a D Y L E D S W Y D D A U

C R E F Y D D·

S E F,

Holiadau ac Attebion Yfgrythurol

Ynghylch yr ATHRAWJAETH a gynhwyfir

Yng Nghatecifm yr Eglwys.

Angenrheidjol i'w dyfgu gan Hen a Jeuaingc.

YN BUM RHAN.

Gan Weinidog o EGLWYS *LOEGR.*

2 Dim. i. 13. Bydded gennyt ffurf yr ymadroddion jachus, y rhai a glywaift gennyf fi, yn y ffydd a'r cariad fydd yng Nghrift Jefu.

Argraphwyd yn *LLUNDAIN*, gan Joan Olfir, ym *Martholomy Clôs*, ger llaw *Smithffild Gorllewinol*, yn y Flwyddyn M DCC XLVIII.

Amryw Awdwyr a gyhoeddodd ym 1745, a'r ddwy gyfrol o
benillion y Ficer Prichard a ymddangosodd dan ei olygydd-
iaeth ym 1749 a 1758. Diau iddo deimlo ei fod yn dilyn ôl
troed y Ficer—yn Eglwyswr ffyddlon a geisiai wneud yr
efengyl yn syml ac yn ddealladwy er mwyn i bobl ei derbyn yn
fwy gwresog. Ac yn ogystal â darparu'r emynau a'r penillion
hyn, ysgrifennodd hefyd *Cerdd Sion* (rhan gyntaf yn unig,
1745), i gymell pobl i foli Duw mewn salmau, hymnau, ac
odlau ysbrydol ac i'w cynghori ynghylch sut i wneud hyn
mewn modd cymeradwy a buddiol.

Yr oedd dwy wedd i'r gweithiau mwy barddonol hyn: yn
gyntaf, cyflwynai'r emynau a'r penillion wirionedd Crist-
nogol mewn dull a oedd yn hawdd i'w dderbyn; yn ail, yr
oedd iddynt werth defosiynol yn ogystal. Gwelsom eisoes ei
ofal cyson dros y wedd gyntaf, ond yr oedd yr un mor
awyddus i weld datblygiad y bywyd defosiynol. Ym 1737
cyhoeddodd *Dwy Ffurf o Weddi,* sef patrymau o weddïau ar
gyfer cyfarwyddo'r anghyfarwydd ynghylch sut i weddïo.
Flwyddyn yn ddiweddarach ymddangosodd *Galwad at
Orseddfainc y Gras*, lle y trafododd Griffith Jones y
gwahanol gymhellion i weddïo gan ychwanegu cyngor
ymarferol ynglŷn â'r ffordd orau o fynd ati. Ei nod, mae'n
amlwg, oedd annog a helpu pobl: ceir yma adran werthfawr,
er enghraifft, ar sut i atal y meddwl rhag crwydro wrth geisio
gweddïo. Ym 1740 wedyn daeth *Hyfforddwr at Orseddfainc y
Gras* o'r wasg: ceir yma eto gyngor ynghylch sut i weddïo,
ond yng nghorff y llyfr rhoddir enghreifftiau helaeth o
wahanol agweddau ar weddi—megis cyffes, deisyfiadau,
diolchgarwch, mawl—wedi eu dewis allan o'r Beibl ei hun, yn
batrwm i'r Cristion a oedd am ddysgu 'ym mha fodd i nesáu
at Dduw, ac i ymbil ag ef yn ei eiriau ei hun', chwedl y
wyneb-ddalen.

Ac eithrio ei *Twenty Arguments for Infant Baptism* (1747),
a oedd yn seiliedig ar ran o'i *Hyfforddiad i Wybodaeth
Iachusol*, a *Bedydd yr Ail-Fedyddwyr Heb Sail Iddo yng
Ngair Duw* . . . a gyhoeddwyd ar ôl ei farwolaeth, nid oedd
fawr ddim yn ei holl weithiau a oedd yn debygol o gynhyrfu'r
dyfroedd diwinyddol ymysg Cristnogion uniongred ei gyfnod.

Ei ddiben oedd nid mynd ar ôl manion diwinyddol na sgorio pwyntiau eglwysig, ond egluro'r ffydd Gristnogol hanesyddol mor syml, mor effeithiol, ac mor ymarferol ag y gallai. Nid diwinydd academaidd mohono, ac nid llenor caboledig chwaith, ond un a hiraethai am weld pobl yn deall ac yn derbyn gwirionedd Duw yng Nghrist. Yr un hiraeth yma sy'n esbonio ei ymroddiad i ysgrifennu a dosbarthu cymaint o lenyddiaeth Gristnogol yn ogystal â'i ymroddiad i bregethu, i holwyddori, ac i sefydlu'r ysgolion. A bu'r pregethu, yr holwyddori, yr ysgolion, a'r llyfrau nid yn unig yn werthfawr ac yn ffrwythlon ynddynt eu hunain ond hefyd yn gyfryngau hynod o bwysig ar gyfer paratoi'r ffordd i'r Adfywiad Methodistaidd.

'Ye Methodist Pope, Llanddowror'

Ym marn ei elynion, Griffith Jones yn anad neb a oedd yn gyfrifol am dwf Methodistiaeth. Ef, yn ôl un disgrifiad dirmygus ohono, oedd 'ye Methodist Pope, Llanddowror'. Ond gan mor hawdd oedd taflu'r enw dirmygus 'Methodist' at rywun, dylid holi'n ofalus pa mor wir oedd y cyhuddiad. A oedd Griffith Jones yn 'Fethodist' mewn gwirionedd? Beth yn union oedd ei gysylltiad â'r mudiad hwnnw a gafodd ddylanwad mor bellgyrhaeddol ar fywyd Cymru? Ai hybu ynteu rhwystro Methodistiaeth a wnaeth? Cyffyrddwyd â'r cwestiynau hyn i ryw raddau mewn penodau blaenorol; daeth yn amser i roi sylw manylach iddynt. [93]

Dechreuwn gyda'r ysgolion, a'r berthynas honedig rhyngddynt a chynnydd Methodistiaeth. Mae'n wir, fel y cyhoeddodd Griffith Jones, fod yr ysgolion wedi cychwyn cyn bod sôn am Fethodistiaeth. Yn ôl pob tebyg cynhaliwyd yr ysgol gyntaf yng ngaeaf 1731-2; ni chafodd Howel Harris a Daniel Rowland dröedigaeth tan 1735, ac ni ddefnyddiwyd y gair 'Methodist' yn Lloegr cyn 1733. Cychwynnodd yr ysgolion yn annibynnol ar Fethodistiaeth fel y cyfryw, felly, a phwysleisiai Griffith Jones dro ar ôl tro nad oedd dim cysylltiad ffurfiol rhwng y ddau fudiad.

Serch ei holl brotestiadau, fodd bynnag, gallai ei elynion gyfeirio at lawer o gysylltiadau anffurfiol rhyngddynt. Yr un amlycaf oll, efallai, oedd tueddiadau Methodistaidd ymhlith athrawon yr ysgolion. Crybwyllwyd eisoes yr honiad fod 'Methodistiaeth wedi dod i'n parthau ni gydag ysgolfeistri Mr. Griffith Jones.' Yr un oedd ergyd llythyr clerigwyr gogledd Cymru wrth gwyno am ddyfodiad y 'crwydriaid enthiwsiastig' o'r de. Yr oedd Howel Harris, un o brif arweinwyr Methodistiaeth, yn drefnydd gwaith yr ysgolion am beth amser, ac mae'n amlwg iddo ystyried fod modd i'r ddau fudiad weithio a thyfu ochr yn ochr â'i gilydd. Nid ef oedd yr unig un chwaith, oherwydd fe dderbyniai Griffith Jones lawer o'i gefnogaeth ariannol gan rai a gydymdeimlai'n agored â Methodistiaeth, megis Syr John Philipps, Syr John Thorold, a Madam Bridget Bevan. Ac fe gâi gefnogaeth hefyd gan arweinwyr amlwg Methodistiaeth yn Lloegr. 'Petawn yn parhau yma,' meddai George Whitefield cyn hwylio am Georgia, 'byddwn yn ymdrechu i sefydlu ysgolion ledled y goedwig [sef Kingswood, ger Bryste, lle'r oedd y Methodistiaid wedi cael llawer o lwyddiant ymhlith y glowyr], a hefyd mewn mannau eraill, fel y mae Mr. Griffith Jones wedi ei wneud yng Nghymru.' [94]

Yr oedd cyswllt hefyd rhwng y modd yr ymledai'r ysgolion a'r modd yr ymledai Methodistiaeth. Yn ystod y blynyddoedd cynnar, o leiaf, yr oedd yr ysgolion yn fwyaf niferus yn yr union fannau lle y dechreuai seiadau Methodistaidd flodeuo. Nid oedd angen doethineb mawr i gasglu fod y naill yn esgor ar y llall. Ond nid dyna'r cyfan: cynhelid nifer sylweddol o ysgolion mewn ardaloedd lle'r oedd seiadau neu gynghorwyr Methodistaidd eisoes i'w cael. Yr oedd y ddau fudiad i raddau helaeth felly yn bwydo ei gilydd ac yn annog ei gilydd ymlaen. Gallai sesiynau'r ysgol gyda'r nos droi'n seiadau anffurfiol heb ddim anhawster, fel y cwynai gelynion Griffith Jones yn hallt. I ddysgu'r dychweledigion yn y seiadau, trodd y Methodistiaid at ddull Griffith Jones, sef cateceisio; ac yn ben ar y cyfan yng ngolwg y gwrthwynebwyr, awgrymwyd mai catecism Griffith Jones ei hun—neu'n hytrach ei esboniad ar Gatecism yr Eglwys—fyddai'r cyfrwng mwyaf hwylus i'r diben yma. [95]

Gallai'r gwrthwynebwyr gyfeirio nid yn unig at y cysylltiadau hyn rhwng yr ysgolion a Methodistiaeth, ond hefyd at dueddiadau Methodistaidd digon amlwg yn Griffith Jones ei hun. Onid oedd ef wedi ei gyhuddo o bregethu mewn plwyfi eraill, heb ganiatâd y clerigwyr lleol? Onid oedd yn ddigon hysbys iddo bregethu yn yr awyr agored lawer tro?

Oni wyddai pawb am y lluoedd a dyrrai i Landdowror i wrando arno'n pregethu? Dyma nodweddion y pregethwyr Methodistaidd—mae'n rhaid felly fod Griffith Jones yn perthyn i'r un criw. Yn wir, gan fod y nodweddion hyn yn amlwg yn ei weinidogaeth cyn sôn am Fethodistiaeth fel y cyfryw, onid ef oedd y patrwm yr oedd y Methodistiaid yn ceisio ei efelychu?

Nid ei bregethu oedd yr unig ddolen gyswllt rhyngddo a'r Methodistiaid. Credai, er enghraifft, y gallai defnyddio llyfrau o weddïau gosodedig fod yn anfuddiol onid yn niweidiol am fod yr elfen ffurfiol ynddynt yn hybu crefydd allanol. Mae'n bwysig ychwanegu iddo gredu fod rhyw werth yn y gweddïau ysgrifenedig hyn—cyflwynodd batrymau o weddïau mewn mwy nag un o'i lyfrau—ond yr oedd ei bwyslais ar weddïo o'r frest, ar wres ysbrydol mewn gweddi, ar gyflwr y galon yn hytrach nag ar ddarllen geiriau, yn sawru'n gryf o Fethodistiaeth. Felly hefyd ei barodrwydd i ganiatáu'r arfer o gyffesu pechodau ymhlith Cristnogion, a oedd eto'n un o nodweddion amlwg Methodistiaeth. Gwyddai am beryglon yr arfer hwn—balchder ar y naill law a rhagrith ar y llaw arall—ond gwyddai hefyd y gallai cyffesu doeth a gostyngedig fod yn gymorth i Gristnogion garu ei gilydd yn well a gweddïo dros ei gilydd yn fwy ystyrlon.[96]

Yr un mor amlwg oedd dyhead adnabyddus Griffith Jones am adfywiad ysbrydol. Yr oedd ef ei hun wedi profi adfywiad yn ystod ei weinidogaeth gynnar, a hiraethai am gael gweld deffroad ar raddfa lawer ehangach. Ofnai'n ddirfawr am Gymru oni ddeuai'r adfywiad hwn: 'mae ein hesgeulustod ynghylch crefydd, yn enwedig y rhan ysbrydol ohoni, wedi peri i'n pechodau gynyddu'n ddirfawr; ac mae'n amlwg ein bod yn aeddfedu'n gyflym iawn tuag at ryw farnedigaeth ofnadwy, yr hon y mae'n rhaid i ni ei disgwyl yn fuan, oni fydd Duw yn ei drugaredd anfeidrol yn ei hatal trwy ddanfon rhan ddwbl o ysbryd diwygiad i'n plith.' A galwai ar rai o gyffelyb feddwl ag ef i ymuno â'i gilydd i ddeisyf yn daer ar i Dduw ohirio ei farn gyfiawn, bywhau ei bobl, ac ymweld â Chymru mewn trugaredd. Credai na fedrai Duw anwybyddu'r weddi unedig hon: byddai'n siwr o wrando, ac yn siwr o fendithio Cymru eto. Y gobaith hwn a'i cynhaliai yn ei ymdrechion diwyd. 'Gobeithir fod amserau mwy gogoneddus na'r amser presennol heb fod ymhell iawn', meddai ym 1738. Ac ni siomwyd mo'i obaith. Tra oedd ef wrthi'n paratoi'r tir trwy ei bregethu, ei holwyddori, ei ysgolion, ac yn fwy na dim efallai ei weddïau, yr oedd Duw eisoes ar waith yng nghalonnau'r dynion ifainc hynny a oedd yn mynd i weddnewid hinsawdd ysbrydol Cymru. Wrth dynnu sylw at y cysylltiad rhwng gwaith Griffith Jones a chychwyn Method-istiaeth, nid oedd ei elynion ond yn dweud y gwir. [97]

Ond gallent hefyd bwyntio'r bys at y cyfeillgarwch amlwg rhwng Griffith Jones ac arweinwyr y mudiad Methodistaidd. Enghraifft adnabyddus o un a fu'n ddyledus iawn i Griffith Jones yw Howel Harris. Cafodd yntau dröedigaeth ym 1735, ond rhyw ymbalfalu am ragor o oleuni ac arweiniad a wnâi hyd oni chlywodd am Griffith Jones y flwyddyn ganlynol. Ym Mai 1736 aeth Harris i Landdowror ar y cyntaf o ymweliadau lawer, ac yno derbyniodd gyfarwyddyd doeth a chytbwys a fu'n gyfrwng i sianelu ei ynni ysbrydol i gyfeiriadau mwy defnyddiol. Yn ôl pob tebyg, Griffith Jones a'i cymhellodd i fod yn ysgolfeistr am y tro hyd oni ddeuai arweiniad cliriach, ac yn nes ymlaen i fod yn arolygwr yr ysgolion cylchynol. Ef hefyd a'i perswadiodd i geisio cael ei ordeinio, ac i weithio o fewn ffiniau Eglwys Loegr hyd y gallai. 'Annwyl, annwyl Mr. Jones' yw sut y meddyliai Harris amdano ym 1740, a thystia dyddiadur y Methodist dro ar ôl tro i'r budd a'r pleser ysbrydol a gâi wrth wrando arno'n pregethu neu wrth sgwrsio'n bersonol ag ef ynghylch yr efengyl Gristnogol. [98]

Bu dylanwad Griffith Jones dros Daniel Rowland, cyd-arweinydd Methodistiaeth, yn fwy uniongyrchol fyth, os gwir yr hanes mai dan ei bregethu ef y cafodd Daniel Rowland dröedigaeth. Un peth sy'n helpu i gadarnhau'r traddodiad yw'r ffaith hysbys i Rowland ymweld â Llan-ddowror yn Awst 1735, sef blwyddyn ei dröedigaeth yn ôl pob tebyg, yn ddiau i elwa ar gyngor ysbrydol y rheithor yno. Nid yn unig hynny: cyfeiria'r ail *Letter to Whitefield* at Griffith Jones fel tad yn y ffydd i Rowland, a honna John

Evans i Rowland dreulio rai misoedd yn Llanddowror wedi ei ordeinio'n ddiacon. Mae'n weddol amlwg, felly, fod cysylltiad agos rhwng y ddau yn nyddiau cynnar gyrfa Rowland fel Methodist. Hyd yn oed pan gododd peth tyndra rhwng Griffith Jones a'r Methodistiaid yn nes ymlaen, gallai Howel Harris ysgrifennu ato i'w sicrhau fod Daniel Rowland yn dal i'w barchu'n fawr. Cymeradwyai Rowland lyfrau Griffith Jones; yn wir, gwerthai hwy ei hun. Pan ddeuai gwahanol rai i dderbyn y cymun yn Llangeitho, ni thrafferthai Rowland i'w holi pan glywai eu bod wedi eu dysgu eisoes gan Griffith Jones.[99]

Nid oes cymaint o dystiolaeth ynghylch dylanwad uniongyrchol Griffith Jones dros William Williams, Pantycelyn, ond yr oedd cysylltiad diamheuol rhyngddynt. Yn un peth, croesawai Williams yr ysgolion cylchynol tra oedd yn gurad yn Llanwrtyd. Hefyd, yr oedd gwraig Williams wedi byw am gyfnod yng nghartref Griffith Jones yn gyfeilles i'w wraig, gan fanteisio llawer ar ei gyfarwyddyd doeth ynghylch materion ysbrydol. A phan fu farw Griffith Jones, canodd Williams farwnad hyfryd iddo a fawrygodd ei waith a'i ddyfalbarhad yn y dyddiau hynny cyn i'r Adfywiad Methodistaidd ddechrau gweddnewid y wlad.[100]

Williams arall a fu mewn cysylltiad â Griffith Jones oedd Peter Williams. Yr oedd ei fam wedi bod yn aelod o'r gynulleidfa yn Llanddowror, ac yr oedd y ddau yn adnabod ei gilydd yn dda. Dim rhyfedd, felly, pan fu raid i Peter Williams ymadael â'i guradaeth yn Eglwys Gymyn oherwydd gwrthwynebiad y rheithor (y John Evans hwnnw a fu'n gymaint gelyn i Griffith Jones) i'w dueddiadau Methodistaidd, iddo gael noddfa dros dro yn Llanddowror. Bu Howel Davies, 'apostol Sir Benfro' yng ngolwg y Methodistiaid, yn gurad i Griffith Jones ei hun, ac wrth reswm yn drwm dan ei ddylanwad. Treuliodd Ioan Thomas, Rhaeadr Gwy, yr Annibynnwr 'Methodistaidd', beth amser yn was i Griffith Jones, a hynny am iddo glywed sôn am ei dduwioldeb a'i ddefnyddioldeb. Bu cysylltiad anuniongyrchol hyd yn oed â Thomas Charles: ystyriai Charles ddyn o'r enw Rhys Hugh yn dad yn y ffydd iddo, ac yr oedd y gŵr hwn yn

Syr John Philipps (1666?-1737)
Castell Pictwn

hen ddisgybl i neb llai na Griffith Jones. Maes o law byddai Charles yn seilio ei ysgolion elusennol ac yna ei ysgolion Sul ar batrwm yr ysgolion cylchynol.[101]

Os oedd cysylltiadau cryfion rhwng Griffith Jones a phrif arweinwyr Methodistiaeth yng Nghymru, yr oedd hefyd ddolen gyswllt rhyngddo a phobl debyg yn Lloegr. Yr oedd Syr John Philipps, ei gefnogwr mawr yn ei yrfa gynnar, yn adnabod Methodistiaid Lloegr yn dda, ac yn fawr ei gydymdeimlad â hwy. Yn ôl pob tebyg, trwyddo ef y daeth Griffith Jones ar eu traws yn gyntaf oll. Bu farw Syr John ym 1737, ond parhâi'r cysylltiad rhwng rheithor Llanddowror a Methodistiaid Lloegr. Mae'n weddol sicr fod ei ymweliadau cyson â Chaerfaddon i bledio achos yr ysgolion ac i geisio nawdd ariannol iddynt yn cryfhau ac yn ehangu'r cysylltiad hwn. Ym 1739 cyfarfu â George Whitefield yng Nghaerfaddon, a dyma sylwadau'r pregethwr mawr mewn llythyr yn fuan wedyn:

> Gofynnwch i mi a ydwyf wedi gweld Mr. Jones? Do: bendigedig fyddo Duw, yr wyf wedi ei weld, er cysur mawr i mi. Mae ef yn hen filwr dros Iesu Grist. O! i mi ei ddilyn ef megis y mae ef wedi dilyn Crist.

Yr oedd Griffith Jones a'r brodyr Wesley yn adnabod ei gilydd hefyd; mae'n bosibl fod ymgais y ddau Wesley i sefydlu ysgol elusennol tra yn Rhydychen yn seiliedig ar esiampl Griffith Jones, trwy ddylanwad Syr John Philipps efallai. Yn ychwanegol at hyn i gyd, yr oedd James Hervey, clerigwr o dueddiadau Methodistaidd amlwg ac awdur nifer o weithiau defosiynol dylanwadol, yn cael ei restru yn *Welch Piety* yn un o gefnogwyr yr ysgolion cylchynol. O ran hynny, Methodist a gyhoeddai *Welch Piety*. Ac o ran hynny hefyd, yr oedd y teitl *Welch Piety* yn dwyn ar gof *Pietas Hallensis*, teitl adroddiad am gartref i blant amddifaid yn Halle yn yr Almaen gan August Francke a fu'n drwm ei ddylanwad ar dwf Methodistiaeth.[102]

Yn Lloegr megis yng Nghymru, felly, yr oedd cysylltiadau Methodistaidd Griffith Jones yn amlwg i bawb. Wele egwyddor 'adar o'r unlliw, hedant i'r unlle' heb unrhyw amheuaeth. Ac nid oedd ei elynion yn brin eu dawn i gasglu'r enwau hyn i gyd at ei gilydd a'u pardduo fel 'Methodistiaid' dirmygedig. Dyna brif ergyd llyfryn John Evans a'r ddau lythyr dienw at Whitefield. Yn ôl John Evans, 'Daeth pob un o'r tri [Howel Harris, Daniel Rowland, a Howel Davies] allan o siop Mr. Jones â'u pennau wedi eu troi yn union yr un ffordd.' Nid oedd dwywaith amdani yn ei farn ef: Griffith Jones oedd yn bennaf gyfrifol am ymledaeniad Methodistiaeth. Onid efe oedd yr arch-Fethodist, yn sicr ni fuasai Methodistiaid o gwbl oni bai am ei waith a'i anogaeth. Yng ngardd rheithor Llanddowror yr eginodd neu y tyfodd blodau Methodistiaeth gynnar.[103]

Rhwyg

Ar ryw olwg ni phoenai Griffith Jones am yr holl gyhuddiadau yn ei erbyn. Fel y gwelsom wrth ystyried gwaith yr ysgolion, disgwyliai wrthwynebiad. Gwyddai y deuai rhwystrau i'r gwaith; ond hyderai hefyd yn y Duw a fedrai oresgyn pob rhwystr. Yr un pryd, fel y gwelwyd, nid eistedd yn ôl a disgwyl i Dduw wneud y cyfan drosto a wnâi. I'r gwrthwyneb: tra ymddiriedai yn Nuw am y llwyddiant, ymroddai'n ddiwyd i'w waith pregethu, i holwyddori, i ysgrifennu a dosbarthu llyfrau Cristnogol, ac i lafur yr ysgolion—gwnâi bob dim o fewn ei allu i symud achosion tramgwydd; ymdrechai hyd yr eithaf i sicrhau lledaeniad efengyl Iesu Grist.

Ac o dipyn i beth, daeth i gredu fod rhai elfennau ym Methodistiaeth Cymru yn rhwystro yn hytrach nag yn hybu lledaeniad yr efengyl honno. Er ei gysylltiadau agos ag arweinwyr Methodistiaeth, synhwyrai eu bod am fynd i gyfeiriadau na allai eu cymeradwyo. Yn wir, ofnai iddynt danseilio a dymchwelyd llawer o'r gwaith y bu ef ei hun ac eraill wrthi'n ei gyflawni mor ddyfal ac mor amyneddgar ar hyd y blynyddoedd. Gofidiai gymaint nes i rwyg ddatblygu rhyngddo a'r Methodistiaid dros y cyfnod 1741-8, ac mae'n bwysig i ni geisio deall i ba raddau yr oedd ei ddadansoddiad o'r sefyllfa yn gywir.

Yn gyntaf oll, mae'n amlwg i Griffith Jones amau 'enthiwsiastiaeth'—gorbwyslais ar deimladau a phrofiadau a ffenomenâu ysbrydol ar draul elfennau eraill Cristnogaeth megis athrawiaeth iachus a sobrwydd ymddygiad. Mae'n bwysig cofio yma i Griffith Jones gredu'n angerddol mai crefydd y galon yn ogystal â chrefydd y pen a chrefydd yr ewyllys oedd Cristnogaeth. Ni wnâi deall ychydig o athrawiaethau na byw yn foesol mo'r tro o gwbl: yr oedd yn rhaid wrth brofiad yn y galon hefyd, yr oedd yn rhaid wrth adnabyddiaeth bersonol o Iesu Grist a chariad brwd tuag ato. Ei bleser mwyaf, meddai, oedd pan ryngai fodd 'i'r Hollalluog fy anrhydeddu â chymundeb ymwybodol ag ef ei hun . . . Dymunaf a dyheaf am gael caru Duw yn fwy'. Ond ofnai fod ambell un yn rhoi llawer gormod o bwyslais ar eu profiadau ysbrydol ar draul elfennau eraill yn y bywyd Cristnogol. Gallai'r diffyg cydbwysedd hwn brofi'n andwyol i'w bywyd ysbrydol hwy eu hunain. Yn waeth fyth, y canlyniad yn rhy aml oedd arwain Cristnogion eraill ar gyfeiliorn neu beri dadlau chwerw ymhlith rhai a ddylai fod yn unol â'i gilydd yn erbyn byd, cnawd, a diafol. Yr hyn oedd yn bwysig, felly, oedd 'rhannu ein sêl dros bob peth yn ddoeth, yn ôl graddfa eu tuedd i hybu prif ddiben y cwbl', sef anrhydeddu a gogoneddu Duw.[104]

Pan sylwai ar y Methodistiaid, fodd bynnag, gofidiai fod y cydbwysedd hwnnw a ystyriai'n beth mor bwysig yn ddiffygiol ac yn brin—mewn rhai ohonynt, o leiaf. Cwynai am eu 'sêl derfysglyd ac afreolus'. Mae'n amlwg fod rhai o nodweddion yr oedfaon Methodistaidd, megis gweiddi allan ymhlith y gynulleidfa a'r pwyslais mawr ar ganu, yn ei flino am eu bod yn amharu ar yr ymwybyddiaeth o ofnadwyaeth a sancteiddrwydd Duw. Cynghorodd Howel Harris i beidio â chyhoeddi ei ddyddiadur oherwydd yr holl gyfeiriadau at lanw a thrai ysbrydol y diwygiwr, gan dybio y byddai'r cyfeiriadau hyn yn gwneud Harris yn gyff gwawd i'w elynion ac yn digalonni Cristnogion ifainc nad oeddynt wedi cael y fath brofiadau.[105]

Ynghlwm wrth yr elfennau 'enthiwsiastig' gwelai Griffith Jones ddiffyg doethineb a phwyll. 'Yr hen a ŵyr; yr ifanc a dybia'—mae'n sicr fod rhywfaint o wirionedd yr hen ddihareb yn lliwio eu perthynas â'i gilydd. Yr oedd dros ei hanner cant pan gafodd Harris a Rowland dröedigaeth, ac efallai ei fod yn rhy geidwadol, yn rhy ofalus, yn ei ymwneud â hwy. Ond er pob ymdrech ganddo i ffrwyno sêl eithafol y

Methodistiaid, tueddent i anwybyddu ei gyngor ac i fynnu mynd eu ffordd eu hunain. Yr oedd hyn, wrth reswm, yn ei frifo'n bersonol; ond gellir tybio iddo alaru'n fwy fyth oherwydd y niwed a ddeuai i achos yr efengyl yn ei farn ef. Cwynai'n arbennig—a diau'n ormodol—am ysbryd rhai o'r Methodistiaid wrth iddynt wrthod derbyn unrhyw gyngor ganddo. Yr oedd Howel Harris, meddai, yn 'ystyfnig o gyfeiliornus a balch'. Cyhuddai Daniel Rowland o 'anonestrwydd bwriadol neu hynod o ffôl' wrth beidio â chadw at y drefn osodedig i'r ysgolion. Howel Davies a gâi'r feirniadaeth fwyaf llym. Yn gurad i Griffith Jones ei hun, yr oedd ei ddiffyg parch at drefn eglwysig a'i duedd anghyfrifol i gael ei arwain gan y dorf yn ormod i'w reithor. 'Gwelaf', meddai hwnnw, 'y bydd ef yn parhau'r un mor anwybodus ac afreolus ag unrhyw un o'r dyrfa pan fydd yn fy ngadael i. Llef y dyrfa fydd yn ei reoli, sy'n peri gofid mawr i mi er ei fwyn ef ei hun.' [106]

Yr hyn a ofnai Griffith Jones—eto'n ormodol, efallai— oedd fod eu hymddygiad annoeth yn dwyn sen ar yr efengyl ei hun. Câi gelynion yr efengyl hwyl fawr wrth bwyntio at y Methodistiaid byrbwyll hyn a chyhoeddi mai dyna ganlyniad gwarthus Cristnogaeth Feiblaidd. Credai Griffith Jones fod sobrwydd a difrifoldeb a hunanlywodraeth yn arwyddion sicr o fodolaeth gwir grefydd yng nghalon dyn, a galarai am fod yr arwyddion hyn yn ymddangos yn brin ar adegau ym mywydau'r Methodistiaid. Dynion 'llym, balch, ac afreolus' oeddynt, heb amlygu'r 'sobrwydd hwnnw a'r gostyngeiddrwydd hwnnw yn eu natur, eu sgwrs, neu eu hathrawiaeth sy'n gweddu i wir dduwioldeb.' Y gwir dduwioldeb hwn oedd uchaf yn ei feddwl fel y ffordd orau o ogoneddu a gwasanaethu Duw. Gofidiai fod ei absenoldeb ymhlith rhai o'r Methodistiaid yn debygol o barddu'r efengyl yn gyffredinol. [107]

Ond dyn ymarferol iawn oedd Griffith Jones. Er cymaint ei sêl dros enw da efengyl Iesu Grist yn gyffredinol, yr oedd llawn mor ofalus dros y rhan honno o waith yr efengyl a ymddiriedasid i'w ofal ef. Yn fwy arbennig, ofnai y byddai tueddiadau afreolus ac annoeth ymhlith y Methodistiaid yn rhwystro gwaith yr ysgolion. Dyna pam y cyhoeddodd ei reolau ar gyfer ei ysgolion. Dyna pam hefyd yr ymdrechai gymaint i brofi nad oedd dim cysylltiad swyddogol fel y cyfryw rhwng yr ysgolion a Methodistiaeth. Gofidiai rhag i glerigwyr yng Nghymru gau eu plwyfi yn erbyn yr ysgolion oherwydd amheuon ynghylch Methodistiaeth. A gofidiai yn ogystal rhag colli cefnogaeth hael yr SPCK. Mae'n arwydd-ocaol nad yw byth yn sôn am yr un o'r arweinwyr Methodistaidd yng Nghymru yn ei lythyrau lu at yr SPCK, yn ddiamau oherwydd iddo ofni i waith yr ysgolion a'r mudiad Methodistaidd gael eu cysylltu'n rhy agos ym meddwl y gymdeithas. Ac yr oedd sail ddigonol i'w ofnau: ym 1742 yr oedd yr SPCK yn amlwg yn bleidiol iawn i bamffledyn gwrth-Fethodistaidd, a deng mlynedd yn ddiweddarach bu'r gymdeithas yn holi'n dawel ynghylch unrhyw dueddiadau Methodistaidd yn yr ysgolion. A beth a ddigwyddai i'r ysgolion a'u holl effeithiau daionus petai cefnogaeth yr SPCK yn cael ei thynnu'n ol? [108]

Yr oedd Griffith Jones yn amheus o 'enthiwsiastiaeth'; gofidiai am ddiffyg doethineb y Methodistiaid ar adegau; ofnai am y canlyniadau petai'r ysgolion yn cael eu cysylltu'n rhy agos â'r Methodistiaid. Ond i raddau helaeth yr oedd ei farn a'i deimladau yn hyn o beth yn deillio o'i benderfyniad i weithio o fewn terfynau Eglwys Loegr. Er ei fod yn ymwybodol iawn o ddiffygion yr Eglwys, ac er na phetrusai i gondemnio'r llygriadau hynny a beryglai ei bywyd ysbrydol a'i gweithgarwch priodol hi, glynai'n deyrngar wrthi. Catecism yr Eglwys a ddefnyddid fwyaf ganddo yn ei ysgolion, a thrwy'r SPCK—cymdeithas eglwysig—y câi'r deunydd angenrheidiol ar gyfer yr ysgolion hyn. Gallai ddatgan yn hyderus: 'Yr ydym yn gweithredu ym mhob dim yn unol â'r rheolau a'r athrawiaethau a broffesir ac a ddysgir yn ein Heglwys Sefydledig'. Ar ryw olwg bwriad yr ysgolion oedd cwrdd â'r anghenion a godai oherwydd diffyg yr Eglwys. Yr amcan y tu ôl i reolau 1745 oedd sicrhau fod yr Eglwys yn cadw golwg fwy manwl ar yr ysgolion a'u hatal rhag pob tuedd wrtheglwysig. Ac nid oedd y llythyrau gan glerigwyr ledled Cymru a ymddangosai'n gyson yn *Welch*

Piety ond yn cadarnhau pa mor llesol oedd dylanwad yr ysgolion ar gyflwr yr Eglwys. [109]

Yr hyn a flinai Griffith Jones, felly, oedd gweld rhai o'r Methodistiaid yn amharod iawn i ymostwng i'r drefn eglwysig. Cynghorai Howel Harris i aros yn yr Eglwys, i geisio cael ei ordeinio, ac i gydweithio â chlerigwyr ei ardal. Arhosai Harris yn aelod ffyddlon o'r Eglwys hyd ei farwolaeth, ond yng ngoleuni gwrthwynebiad gan glerigwyr lawer câi gryn anhawster i gymell ei ddilynwyr i barchu ei esiampl. Un o'r pethau mwyaf gofidus yng ngolwg Griffith Jones oedd tuedd Harris a llawer o'i ddilynwyr i bregethu heb ganiatâd a heb iddynt gael eu hordeinio. Nid ystyriai Harris iddo 'bregethu' fel y cyfryw; cydnabyddai mai gwaith clerigwyr ordeiniedig oedd hwn, ond teimlai ei fod yn rhydd i 'gynghori', i wasgu rhyw wers seml ar ei wrandawyr. Nid dyna ddehongliad Griffith Jones: galwodd ar Harris a'r lleill i astudio yn hytrach na chynghori, ceryddodd hwy am lefaru'n gyhoeddus heb eu hordeinio. Fel hyn yr ysgrifennodd Herbert Jenkins, cynghorwr Methodistaidd o Went, at Harris ym 1741:

> Ddydd Mercher y 17eg deuthum i Landdowror ac yno fe'm bwriwyd i lawr. Fe'm clwyfwyd ac fe'm lluchiwyd fel na wyddwn ac na wn yn awr beth i'w wneud. Aeth Mr. Jones â mi i ystafell ar fy mhen fy hun ac yno dechreuodd fy ngheryddu am i mi fynd o gwmpas heb fy nanfon mewn dull cyfreithlon, a galwodd arnaf i ystyried drygioni hyn mewn tri pheth. 1. ei fod yn groes i holl gwmpas yr Ysgrythur. 2. yn groes i esiamplau'r holl Eglwysi ym mhob oes o amser yr Apostolion hyd yn awr—enwodd nifer o Eglwysi. 3. y canlyniadau drwg a ddeilliai ohono wrth roi lle i bobl anfoesol godi a dweud pethau gwrthnysig . . . [110]

Nid tawelwch yn yr Eglwys fel y cyfryw oedd nod pennaf Griffith Jones. Onid oedd ef ei hun wedi cynhyrfu'r dyfroedd eglwysig yn ei ddyddiau cynnar, ac oni ddaliai i fod yn llawdrwm ar lygredd yr Eglwys ac annheilyngdod llawer o'i gweinidogion? Gwyddai yn iawn y gallai tawelwch fod yn gyfystyr â difaterwch, onid marweidd-dra ysbrydol. Yr hyn a'i corddai, yn hytrach, oedd y perygl amlwg y gallai Method-

91

istiaeth rwygo'r Eglwys. I un a weddïai gymaint dros ei Eglwys, ac a welai obaith am adfywiad ynddi trwy'r dynion ifainc brwdfrydig a oedd yn codi o'i mewn, yr oedd meddwl am y fath beth yn peri gofid mawr. Medrai weld yn ddigon eglur y byddai'r garfan wrthefengylaidd yn Eglwys Loegr wrth ei bodd yn tynnu sylw at eithafion y Methodistiaid. Petai'r rhain wedyn yn ymadael â'r Eglwys, neu'n cael eu gwthio allan ohoni, pa obaith fyddai iddi eto? Gadewid yr Eglwys yn nwylo'r rheini a oedd yn gyfrifol am ei chyflwr truenus, a byddai'r gwaith a wnaed ganddo ef a'i gefnogwyr wedi ei ddadwneud—am byth, efallai.

Ni ellir gorbwysleisio ffyddlondeb Griffith Jones i Eglwys Loegr—yn gam neu'n gymwys—wrth ystyried ei berthynas â'r Methodistiaid. Mae modd dadlau fod ei deyrngarwch wedi peri iddo fod yn rhy barod i weld bai ynddynt ac yn rhy hallt ei feirniadaeth ohonynt. Efallai hefyd fod ei ymlyniad penderfynol wrthi wedi ei rwystro rhag ystyried o ddifrif holl gwestiwn natur gwir eglwys, er bod hwnnw'n gwestiwn o bwys o gofio gwrthwynebiad swyddogion ei esgobaeth a rhai fel John Evans iddo ef ac i'r Methodistiaid. Ond nid Eglwyswr cibddall mohono chwaith. Er mawr loes iddo, gwyddai fod modd cael cymdeithas Gristnogol nes â rhai Ymneilltuwyr nag â llawer iawn o'i gyd-Eglwyswyr. Cyfeiriodd Howel Harris ym 1736 at y ffaith fod y clerigwyr yn casáu Griffith Jones 'oherwydd ei dduwioldeb hynod a'i gariad tuag at yr Ymneilltuwyr'. Yn ôl ei gofiannydd cyntaf, yr oedd yn fodlon 'rhoi deheulaw cymdeithas i ddynion uniawn a duwiol ym mhob enwad, gan fod yn llwyr ymwybodol fod y rhai duwiol i gyd yn un yng Nghrist.' Mae'n wir fod rhai Ymneilltuwyr braidd yn amheus ohono oherwydd ei ymlyniad cyson wrth Eglwys Loegr; ym 1751, er enghraifft, cyhoeddwyd *Rhesymau yr Ymneillduwyr am Wahanu oddi wrth Eglwys Loegr* yn ateb i'w draethawd ar werth cateceisio, traethawd a sawrodd yn gryf o'r safle eglwysig. Mae'n wir hefyd fod Griffith Jones yn amheus o rai o'r Ymneilltuwyr—yn enwedig y Bedyddwyr—yn bennaf am iddo synhwyro eu bod yn cau pawb ond hwy eu hunain allan o eglwys Iesu Grist.[111] Ond deallai i'r dim fod llawer wedi ymneilltuo oherwydd na allent gael bwyd ysbrydol i'w heneidiau yn Eglwys Loegr, a chydymdeimlai â hwy yn hyn o beth. Yr oedd yn ddiolchgar iawn hefyd am bob arwydd o gefnogaeth i'r ysgolion gan Ymneilltuwyr. Er ei deyrngarwch di-ildio i Eglwys Loegr, yr oedd ei synnwyr ysbrydol yn ei ddysgu fod 'cael yr achos cyffredin ym mhob un o'n calonnau, gosod o'r neilltu bob rhagfarn fach, ac uno'n unfrydol i hybu'r bwriad mawr' yn bwysicach fyth.[112]

Ac yn y diwedd yr oedd y synnwyr ysbrydol hwn yn gyfrifol am gymod rhyngddo ef a'r Methodistiaid. Erbyn 1748, ryw saith mlynedd ar ôl iddo ddechrau datgan yn gyhoeddus ei anghytundeb â hwy, yr oedd i'w weld yr un mor gyhoeddus yn eu plith unwaith eto. Ym mis Mai'r flwyddyn honno, cychwynnodd Arglwyddes Huntingdon, un o ffigurau amlycaf Methodistiaeth, ar daith trwy Gymru yng nghwmni Howel Harris, Daniel Rowland, Howel Davies—a Griffith Jones. Rhan o fwriad y daith oedd cynnal oedfaon yn y gwahanol drefi a phentrefi yr ymwelwyd â hwy; a nodir un achlysur yn arbennig pan bregethodd Griffith Jones yn yr awyr agored gyda grym ysbrydol anghyffredin wrth ddangos pechadurusrwydd dyn, ei gyflwr arswydus gerbron Duw, a'i angen mawr am ras a thrugaredd yng Nghrist. Tystiolaeth llawer yn y gynulleidfa oedd iddynt brofi'r fath argyhoeddiad o bechod nes ofni na allai Duw byth drugarhau wrthynt; cyffesodd eraill na fyddent byth yn anghofio'r adeg y bu Duw mor raslon wrthynt. Mae'r darlun yn un hyfryd: Griffith Jones yn ôl gyda'r rhai yr oedd ef ei hun wedi gwneud cymaint i'w helpu, yn pregethu'r efengyl honno a'u clymai i gyd wrth ei gilydd, a Duw yn arddel ei Air yn rymus iawn.[113]

Nid oes sôn wedi hynny am unrhyw rwyg rhyngddo a'r Methodistiaid. Parhâi'r cyhuddiadau mai ef oedd tad Methodistiaeth mewn gwirionedd, ond ni thrafferthodd i'w hateb ei hun. Efallai fod llwyddiant diamheuol yr ysgolion ar ôl y cyfnod sigledig hwnnw ar ddechrau'r 1740au wedi ei wneud yn llai sensitif i feirniadaeth am y cysylltiadau Methodistaidd. Efallai iddo sylweddoli fod yr hyn a'u hunai yn bwysicach na'r hyn a'u gwahanai. Yr hyn sy'n sicr yw fod y Methodistiaid eu hunain, a Howel Harris yn arbennig, heb ddal dig wrtho am ei ymdrechion i ddatgysylltu ei enw oddi wrthynt. Parhâi Harris i ysgrifennu'n gyson ato; hyd yn oed yng nghanol yr anghydfod daliai i ymweld â Llanddowror ac i gydnabod y budd ysbrydol a dderbyniai oddi wrth weinidog-aeth 'y ffyddlon a'r gweithgar Mr. Griffith Jones'. Ac ym 1760, ychydig cyn i Griffith Jones farw, ysgrifennodd Harris ato fel a ganlyn:

> Fe'm llonnwyd yn fawr wrth glywed gan T. David eich bod yma isod o hyd, i sefyll yn y bwlch, ac i eiriol tros fyd truenus, anghrediniol sydd, wedi ei ddallu'n wir gan dduw'r byd hwn, heb weld na gogoniant na rhagoriaeth yn y Gwaredwr gwerthfawrocaf. Mae pechaduriaid wrthi'n rhedeg ar hyd y ffordd lydan sy'n arwain i ddistryw tragwyddol, ac yn gwneud hynny yn llawen ac yn ddi-hid. Ac ofnaf yn fawr mai ychydig iawn sy'n galaru trostynt. Gobeithiaf y byddwch yn byw i ddeffro llawer trwy eich llafur gonest cyn diwedd eich dyddiau. Yr anrhydedd uchaf i mi fyddai cael fy nghyfrif yn deilwng i fod o ryw wasanaeth gwirioneddol i bawb, yn enwedig i Gymru druan, megis yr ydych chi wedi bod hyd yma mewn llawer ffordd.

O gofio cyfraniad nodedig Harris ei hun, o'r braidd y gallasai Griffith Jones dderbyn teyrnged uwch. Pa wahaniaethau bynnag fu rhyngddo a'r Methodistiaid, safent i gyd yn y llinach efengylaidd ogoneddus honno sydd wedi lliwio (a llywio) cymaint ar hanes Cymru.[114]

Deall y Dyn

Pa fath ddyn fu'n gyfrifol am yr holl weithgarwch diflino a restrir ar y tudalennau blaenorol? Prysur, diwyd, ymroddedig —dyna rai ansoddeiriau amlwg i'w ddisgrifio. Ond beth oedd dan y wyneb? Sut ddyn oedd Griffith Jones mewn gwirionedd, a beth yn union a'i gyrrai i weithio mor galed dros gyfnod mor hir?

Gwaetha'r modd, ychydig a wyddom amdano fel dyn. Cyfeiria ei gyfeillion ato'n gyson fel dyn rhinweddol iawn— 'Un o'r Cristnogion mwyaf didwyll yr wyf erioed wedi cael y pleser o ymddiddan ag ef', chwedl Syr John Philipps, a 'ffyddlon', 'dyn Duw', 'gwerthfawr', ac 'annwyl' yng ngolwg Howel Harris. Mae'n wir hefyd iddo ymddwyn yn dyner ac yn dirion tuag at Gristnogion ifainc: 'ei ymadroddion ynghyd â'r olwg arno a enillodd fy nghalon fel pe gwelwn angel Duw; yr hwn a ymddygodd yn gariadus iawn tuag ataf . . .' yw tystiolaeth Ioan Thomas amdano wrth gwrdd ag ef am y tro cyntaf. Dylid nodi'r traddodiad (sydd wedi apelio at lawer hanesydd secwlar) y gallai fod braidd yn groendenau a diamynedd yn ei hen ddyddiau, yn enwedig ar ôl marw ei wraig ym 1755 a'i symud i gartref Madam Bevan. Yr un pryd, mae'n bwysig cofio mai sail ddigon sigledig sydd i'r traddodiad hwn—nid oes sôn amdano mewn print tan dros 170 o flynyddoedd ar ôl ei farwolaeth, ac mae dilysrwydd y dystiolaeth lafar yn eithaf amheus.[115]

Yr hyn sy'n sicr amdano yw iddo gael ei blagio o'i blentyndod gan iechyd gwan—rhywbeth sy'n gwneud ei weithgarwch diflino yn fwy hynod fyth. Os oes gwirionedd o gwbl yn y traddodiad ei fod yn brin ei amynedd a llym ei dafod yn ystod blynyddoedd olaf ei fywyd, mae'n debyg mai ei wendid cynyddol oherwydd salwch a oedd yn gyfrifol am hynny. Yn blentyn dioddefai'n enbyd gan y fogfa a bu'n ddall am dair wythnos o ganlyniad i'r frech wen. Yn niwedd 1738 yr oedd ei gyfeillion yn pryderu'n fawr am ei iechyd, gan dybio fod ei fywyd ar ben, ac mae ef ei hun yn cyfaddef yn gyson yn *Welch Piety* ac yn ei lythyrau at Madam Bevan pa mor wanllyd yw ei gorff a pha mor fuan y mae'n disgwyl ymadael â'r bywyd hwn. Ym marn rhai, arwydd o iselder ysbryd ac o boeni'n ormodol ynghylch ei iechyd oedd yr holl sôn yma; ond os derbyniwn ei air ei hun—ac nid oes reswm digonol pam na ddylid gwneud hynny—yr oedd yn wirioneddol wanllyd ei iechyd ar hyd ei oes. Efallai oherwydd ei salwch mynych ei hun, ymddiddorai'n fawr mewn meddygaeth. Yn ôl John Evans, yr oedd yn llawn cymaint o 'quack' mewn meddygaeth ag ydoedd mewn diwinyddiaeth, ond mewn oes a oedd yn ddigon prin ei gwybodaeth feddygol elwai llawer ar y gwahanol foddion y llwyddai i gael gafael arnynt.[116] Darllenwn amdano'n archebu tabledi yr un pryd ag y gofynnai am lyfrau gan yr SPCK. Gwyddom hefyd fod gan Madam Bevan ddiddordeb mawr yn yr un maes, ac yn enwedig mewn sicrhau cymorth meddygol i'r tlodion. Yn wir, ymddiddorai llawer o arweinwyr crefyddol yr oes honno, gan gynnwys Williams Pantycelyn, John Wesley, a nifer o noddwyr amlycaf Griffith Jones, yn y corff a'i anhwylderau: nid oedd eu gofal am enaid dyn yn dirymu eu gofal am ei gorff, gan fod 'cyflwr da'r ddau', yn ei farn ef, 'yn angenrheidiol er cyflawni'n well y gwasanaeth sy'n ddyledus arnom i Dduw ac i'n cyd-greaduriaid'.[117]

Nid gweini ar ddynion yn eu salwch oedd yr unig fynegiant o dosturi Griffith Jones. Yr oedd yn barod iawn i fwydo ac i ddilladu'r tlodion, yn ôl pob tystiolaeth. Casglodd arian hefyd i gynorthwyo'r Salsburgwyr, Protestaniaid a alltudiwyd o Awstria ym 1731 am lynu wrth eu cred; daeth llawer ohonynt i Brydain, a bu'r SPCK yn gyfrwng i'w helpu trwy gasgliadau lleol. Ond nid anwybyddai anghenion mwy dibwys chwaith: ar un achlysur gwnaeth gais am—a dyfynnu'r iaith wreiddiol—'three bottles of stuff for broken-winded horses for a friend'. Yr hyn sy'n gwbl amlwg trwy ei fywyd yw ei barodrwydd i aberthu ei gysur personol er mwyn cynorthwyo eraill. Mor gynnar â 1712 gallai Syr John Philipps hysbysu'r SPCK nad oedd gan y Griffith Jones ifanc ddiddordeb o gwbl mewn sicrhau'r telerau mwyaf ffafriol iddo ef ei hun wrth feddwl am fentro i'r India, a'i fod yn awyddus i neilltuo peth o'i gyflog fel cenhadwr tuag at gynnal ei fam. Yr oedd yn ben-derfynol o ddefnyddio'r arian a oedd ganddo 'er y fantais fwy-af, sicraf, a mwyaf parhaol'—sef yng ngwasanaeth Duw.[118]

Ceir yr argraff wrth ddarllen ei adroddiadau ac yn enwedig ei lythyrau ei fod braidd yn swil. Yr oedd yn ddigon dewr, mae'n wir, a medrai siarad heb flewyn ar ei dafod pan oedd angen hynny. Mae'n amlwg hefyd y gallai fod yn gwmnïwr da ar adegau, yn fwyaf arbennig pan fyddai'r sgwrs am yr efengyl: sonia Howel Harris droeon am y pleser a gâi o drafod rhyw agwedd neu'i gilydd ar y ffydd gyda Griffith Jones tan oriau mân y bore. Ond encilio oedd ei duedd naturiol: nid oedd ganddo'r math hwnnw o bersonoliaeth allblyg a bywiog a oedd yn gyffredin ymhlith y Methodistiaid cynnar. Datgelodd wrth Madam Bevan ar un achlysur nad oedd ganddo gynifer o gyfeillion Cristnogol ag y dymunai.[119] Gwyddai am werth cymdeithas y saint, ond digon prin fu'r rhai a oedd yn fodlon sefyll ysgwydd wrth ysgwydd ag ef yn y gwaith blinedig yr ymgymerasai ag ef. Wedi marwolaeth Sir John Philipps ym 1737, Madam Bevan oedd yr unig un lleol i'w gefnogi'n llawn. 'Chi yw'r unig un yng Nghymru y gallaf ymddiried ynddo i fod yn weithgar yn achos fy Ngwaredwr (o blith y rhai rwy'n eu hadnabod yn Eglwys Loegr, rwy'n ei olygu)', ysgrifennodd ati ym Mawrth 1738. Yn ôl Ioan Thomas, a fu'n was i Griffith Jones am gyfnod, yr oedd hyd yn oed ei weision a'i forynion yn brin eu cydymdeimlad ag ef, gan 'edrych yn ddiystyrllyd ar rai pobl dduwiol a fyddai yn dyfod yma ar droeon, yn enwedig y Methodistiaid'. Am y Methodistiaid eu hunain, dichon iddo gael llawn cymaint o ofid ag o gysur ynddynt, am beth amser o leiaf. Ac efallai fod gwendid iechyd ei wraig wedi ei chadw hithau rhag sefyll yn y bwlch gydag ef; ychydig iawn o sôn sydd am unrhyw weithgarwch cyhoeddus ganddi.[120]

Madam Bridget Bevan (1698-1779), Talacharn

I raddau helaeth iawn, felly, bu raid i Griffith Jones frwydro ar ei ben ei hun. Mantais fawr iddo yn hyn o beth oedd bod ganddo agwedd sobr a difrifol at fywyd. Mae hyn eto wedi ei ddehongli droeon yn nhermau personoliaeth bruddglwyfus a mewnblyg onid newrotig, ond nid dyna'r gwir. Mae yna wahaniaeth hanfodol rhwng difrifoldeb a phruddglwyfni, ac ni ddylid eu cymysgu. Chwedl y cofiant cyntaf iddo, 'Yr oedd yn siriol, ond heb fod yn ysgafn; yn ddifrifol, ond heb fod yn drist.' Pwysleisia nad oedd yn euog o bruddglwyfni na surni er gwaethaf ei sobrwydd cyffredinol; ond pwysleisia hefyd mai'r sobrwydd hwn oedd un o nodweddion amlycaf a phwysicaf ei bersonoliaeth. Dim ond dyn a gymerai bechod ei galon ei hun o ddifrif a fyddai'n galaru mor aml yn ei lythyrau ynghylch ei wendid a'i fethiant. Dim ond dyn a gymerai ei gred o ddifrif a fedrai weithio mor ddygn ac mor ddyfal gyhyd. Dim ond dyn a oedd yn llwyr argyhoeddedig o agosrwydd tragwyddoldeb, o realiti nefoedd ac uffern, o angen taer dynion am iachawdwriaeth, a fuasai'n fodlon aberthu cymaint er mwyn cyflwyno'r efengyl i'r werin.[121]

Os oedd cymaint o ddifrif ynghylch ei gred, beth yn union a gredai? Yn ôl Edward Morgan, golygydd cyfrol o'i lythyrau, yr oedd ei gred yn gwbl gyson â'r Ysgrythur, 'hen ddiwinyddiaeth yr oesoedd boreol a'r Diwygiad Protestannaidd'. Diolchai ef ei hun am yr hen gred, yr hen lwybrau, yr hen ganllawiau. Nid ei syniadau na'i ddychmygion ei hun oedd sail ei holl weithgarwch, ond derbyniad absoliwt o wirioneddau'r Beibl. At hyn, yr oedd wedi ymdrwytho yng ngweithiau'r diwinyddion hynny a ddangosasai'r parch mwyaf at yr Ysgrythur. Gwyddom, er enghraifft, iddo ddangos cryn ddiddordeb yng ngwaith Matthew Henry, a chynghorodd Madam Bevan i ddarllen esboniad y Cymro ac un arall gan William Burkitt, esboniwr adnabyddus a gwerthfawr o'r ail ganrif ar bymtheg.[122] Fe'i cyhuddwyd o fod yn Galfinydd gan ei elynion; ni ddewisodd arddel yr enw fel y cyfryw, ond dengys ei lyfrau a'i bregethau iddo goleddu rhai o brif ddaliadau Calfiniaeth yn ddigon clir: llwyr lygredigaeth dyn wrth natur; etholedigaeth ddiamodol gan Ddduw yn sylfaen iachawdwriaeth; iachawdwriaeth sicr yr etholedigion trwy Iawn Crist; galwad effeithiol yr etholedigion at Grist gan yr Ysbryd Glân; a'u dyfalbarhad yn y ffydd hyd y diwedd—a hyd y nefoedd. Serch hynny, ofnai fod rhai a ddaliai'r un gred sylfaenol yn gallu bod yn eithafol gul yn ei chylch. Yr oedd yn barod i egluro ac amddiffyn etholedigaeth yn frwd, ond ni fedrai gymeradwyo'r syniad fod Duw yn ethol rhai i ddamnedigaeth. Gwrthwynebai hefyd y rheini a gredai fod Iawn Crist yn gyfyngedig mewn unrhyw ystyr; iddo ef, ni ellid cyfyngu o gwbl ar werth aberth Mab Duw—er iddo gredu'n gadarn mai'r etholedigion yn unig a achubid trwy'r aberth hwnnw. Yr oedd yn amheus o unrhyw beth a dueddai i lesteirio cynnig yr efengyl yn rhad i bawb—rhaid oedd ei phregethu'n daer i bob creadur, gan bwysleisio'r angen am edifeirwch tuag at Dduw a ffydd yn Iesu Grist, am ailenedigaeth a bywyd newydd yng Nghrist. Mewn geiriau eraill, glynai wrth y ffydd efengylaidd hanesyddol, y ffydd honno a nodweddai'r Eglwys Fore, y Diwygiad Protestannaidd, y Piwritaniaid, a'r Methodistiaid. Gwir iddo ymatal rhag eithafion rhai o'r Methodistiaid, ond yn y bôn yr un oedd eu credo. Nid peth newydd, gwreiddiol oedd y gredo hon, felly; yr hyn a wnâi Griffith Jones oedd ei chredu'n angerddol, ei chymryd o ddifrif, a'i derbyn yn wirionedd byw y dylai seilio ei holl fywyd arno. [123]

Nid anfuddiol, efallai, fyddai tynnu sylw at rai agweddau ar ei gredo yr oedd ef ei hun yn eu nodi oherwydd eu harwyddocâd arbennig i'w fywyd a'i waith. Un o'r rhai amlycaf oedd ei ymwybyddiaeth o ddaioni mawr Duw tuag ato ef yn bersonol a thuag at ddynion pechadurus yn gyffredinol. Os oedd Duw wedi bod mor drugarog wrtho ef, oni ddylai ef wasanaethu Duw â'i holl galon, a'i holl feddwl, a'i holl nerth? Ac os oedd y Duw da hwn wedi darparu iachawdwriaeth gymaint yn ei Fab, oni ddylid cyhoeddi'r newyddion da yma i bob un dan haul? Yn yr un modd meddyliai am gariad Crist: os oedd Mab Duw wedi dioddef cymaint drosto, nid oedd dim yn ormod i'w wneud yng ngwasanaeth y fath Waredwr. Ac yr oedd esiampl Crist—ei dosturi ymarferol, ei bregethu awdurdodol, ei ofal am eneidiau pechaduriaid tlawd ac anwybodus—hefyd yn ei gymell i ddilyn yn ôl traed ei Arglwydd. 'Byw i mi yw Crist' oedd datganiad yr Apostol Paul; gallai Griffith Jones gydsynio'n llwyr.[124]

Ond yr oedd agwedd arall ar ei gredo yr un mor ddylanwadol ar ei barodrwydd i ymroi'n galonnog i waith ei Waredwr. Credai nid yn unig fod Duw wedi darparu iachawdwriaeth yn Iesu Grist, ond hefyd fod barn yn disgwyl pob un a anwybyddai neu a wrthodai'r iachawdwriaeth honno. Yr oedd cyflwr y pechadur y tu allan i Grist yn arswydus: yn ysbrydol yr oedd yn gwbl farw, a'i haeddiant oedd 'y pwll diwaelod, lle mae'n rhaid iddo orwedd hyd byth heb ddihangfa'. Credai fod yna nefoedd—a chredai fod uffern. Ei nod pennaf, felly, oedd achub y rheini a oedd ar y ffordd lydan i ddistryw—eu hachub rhag y farn ddychrynllyd a oedd yn eu disgwyl, a'u cyfeirio i deyrnas nefoedd.[125] Iddo ef, dyma'r elusen fwyaf gwerthfawr y gellid ei dyfeisio, dyma'r ffordd orau o ddangos cariad at gymydog. Gwelai bopeth yng ngoleuni marwolaeth, dydd y farn, a'r byd a ddaw. Nid syniadau i'w trafod mohonynt, ond realiti byw yr oedd yn rhaid i bob dyn ei wynebu. 'Pa mor brin, ond pa mor hanfodol, yw'r doethineb o ystyried ein diwedd, ac o osod i lawr seiliau da o obaith erbyn amser mor ofnadwy, pan na all dim llai na thystiolaeth fewnol o'n didwylledd a sicrwydd llawn o'n rhan yng Nghrist ein cynnal yn gyfforddus . . . pan wawria golygfeydd rhyfeddol tragwyddoldeb arnom!' Ac yng ngoleuni'r realiti hwn gweddai i'r Cristion yntau brynu'r amser—gweithio tra bo cyfle gan gofio fod ei einioes yn fyr a bod tragwyddoldeb wrth y drws.[126]

Mae un agwedd arall ar ei gred yn haeddu sylw arbennig. Gweithiai'n ddiwyd ac yn ofalus. Gwyliai rhag pob dim a fygythiai'r ysgolion. Ac eto ceir nodyn clir o hyder yn ei lythyrau a'i adroddiadau. Yn wir, gellid dadlau mai'r hyder hwnnw—hyder llawen yn Nuw—yn hytrach na'i brudd-glwyfni honedig yw'r elfen amlycaf yn ei holl agwedd at fywyd. Nid oedd llwyddiant y gwaith yn dibynnu arno ef; yn hytrach, yr oedd y cyfan yn llaw Duw. Yr oedd Duw yn sicr o achub ei bobl etholedig, bob un ohonynt, pa rwystrau bynnag a godid yn ei erbyn ef ac yn eu herbyn hwythau. Beth oedd

Griffith Jones a'i gyd-weithwyr, ond offerynnau gwael yng ngwasanaeth y Duw sofran hwn, 'i wneud daioni, i ddwyn ei ddelw, i gynnal ei achos, i hyrwyddo ei ogoniant, i ddisgleirio megis goleuadau mewn byd tywyll, i geisio ei les, ac i fod yn dystion iddo yng nghanol cenhedlaeth drofaus ac anghrediniol'? Wele fraint anhraethol yn ei farn ef. Ond cymaint mwy oedd y fraint yma o gofio fod y Duw hwn yn siwr o gario'r dydd yn y diwedd. Gallai pethau edrych yn ddigon tywyll ar y pryd, ond yr oedd y fuddugoliaeth maes o law yn gwbl sicr. Ni fedrai Duw fethu. A phan fyddai 'Duw'r heddwch . . . yn peri i'n holl frwydrau orffen gyda choncwest terfynol', câi pob un o'i filwyr ffyddlon wobr i'w mwynhau'n dragwyddol. Yr oedd y wobr nefol hon ynghadw iddynt; ac yr oedd meddwl amdani yn esgor ar ddyfalbarhad yn wyneb y treialon mwyaf blin.[127]

Dyma rai o'r cymhellion sylfaenol y tu ôl i'w weithgarwch hynod. Gallwn grynhoi trwy nodi iddo ei ystyried ei hun yn oruchwyliwr, un y rhoddwyd gwaith iddo gan Dduw ac un a oedd yn benderfynol o ymgymryd â'r gwaith hwnnw yn ddiwyd hyd y diwedd. Nid gwasanaethu meistr creulon a wnâi; yn hytrach, yr oedd ei feistr yn dad daionus iddo, ac fe'i gwasanaethai felly o wirfodd calon. Yr un pryd, gwyddai y byddai'n rhaid rhoi cyfrif i'r meistr hwnnw ryw ddydd; ac yng ngoleuni hyn ymdrechai hyd eithaf ei allu i gyflawni'r gwaith yn gydwybodol. Ond wrth wneud hynny, gwyddai ei fod yn was i'r Duw hollalluog, y Duw a fyddai'n sicr o ddwyn ei waith i ben. Gallai ymdawelu, felly, hyd yn oed yng nghanol siom a methiant. Ei orchwyl ef oedd bod yn ffyddlon, ymgymryd â'i gyfrifoldeb o ddifrif, gwneud ei orau glas i anrhydeddu ei feistr trwy fod yn ddefnyddiol yn y gwaith a roddwyd iddo. 'Daw'r amser i gwrdd â'r Iesu bendigedig cyn hir', meddai; 'Gwyn eu byd y rhai a geir yn weision ffyddlon iddo.' Dyma nodwedd ei holl yrfa. Gwas—caethwas—Iesu Grist ydoedd. Rhaid oedd gwasanaethu'n ffyddlon.[128]

A rhaid oedd bod yn was selog. Gwelai sut y gallai sêl rhai o'r Methodistiaid eu harwain ar gyfeiliorn lle nad oedd hefyd yn gymysg â doethineb. Ofnai am eraill fod eu profiadau ysbrydol yn eu rhwystro rhag mynd ati o ddifrif i wasanaethu

102

Duw—eu bod yn mwynhau eu profiadau cyfriniol ar draul gweithgarwch Ysgrythurol. Dylid annog pawb i ddarllen, dadleuodd yn erbyn Howel Harris, 'rhag ofn iddynt ddod i ddilyn eu profiadau ac nid y Gair'.[129] Ond nid oedd y peryglon hyn yn mennu dim ar ei argyhoeddiad personol mai gweithgarwch selog, calonnog, ymroddedig yn unig a anrhydeddai Dduw. Cwynai'n aml am wendid ei ymdrechion a chyn lleied o ddaioni y llwyddasai ei wneud. Ond yn hytrach na digalonni, âi ati'n fwy taer. Yr oedd yn anesmwyth pan oedd rhaid bod i ffwrdd o'i waith dros dro. Gweithiai drwy'r nos ar adegau—er i'w gyfeillion ei geryddu'n dirion am hynny.[130] Gwyddai fod ei amser yn brin. Gwyddai hefyd fod angen Cymru'n fawr. Yr unig beth y gallai'r Cristion sobr hwn ei wneud oedd ymroi o ddifrif i geisio cwrdd â'r angen hwn o fewn yr amser a oedd ganddo.[131]

Ond ynghlwm wrth ei sêl yr oedd hefyd agwedd hynod o gytbwys. Tuedd rhai o'r Methodistiaid oedd gorbwysleisio'r elfen deimladol mewn Cristnogaeth. Tuedd rhai o'r Ymneilltuwyr, ar y llaw arall, oedd gorbwysleisio'r elfen athrawiaethol—dyna sy'n cyfrif am y llysenw 'Sentars Sychion'. Tuedd rhai o'i gyd-Eglwyswyr, yn ôl ei dystiolaeth ei hun, oedd bod yn ddioglyd ac yn ddiofal. Mae cryn orsymleiddio yn y darlun hwn, wrth gwrs, ond yr oedd Griffith Jones yn llwyr ymwybodol o beryglon y tueddiadau yma. Yr hyn a wnaeth oedd cyfuno mewn modd bywiol a chytbwys grefydd y galon, crefydd y pen, a chrefydd yr ewyllys. Wele ddyn a garai Iesu Grist o waelod calon: 'yr oedd Crist yn bopeth iddo', medd ei gofiannydd cyntaf. Ond wele ddyn hefyd a wyddai fod lle pwysig i athrawiaeth gywir wrth feithrin y cariad hwnnw. Onid 'anwybodaeth yw prif ffynhonnell y llygredigaeth gyffredinol sydd gymaint ar gynnydd yn y byd'? Ac wele ddyn a oedd yn nodedig am ei ymdrech ddygn i weithio'r cariad hwnnw allan yn ymarferol yn ei fywyd, ac i ddwyn eraill i garu Crist yn yr un modd. Yr oedd yn wyliadwrus iawn o unrhyw ymgais i ddyrchafu un o'r agweddau hyn yn ormodol ar draul y lleill. Iddo ef, yr oedd yn rhaid eu cyfuno'n gyfan er mwyn addurno'r efengyl ac anrhydeddu Iesu Grist.[132]

Ochr yn ochr a'i sêl a'i gydbwysedd yr oedd hefyd elfen ymarferol iawn ynddo. Gwyddai'r hyn a oedd yn bosibl, ac ymroddai'n llwyr i droi'r posibl yn realiti. Fel y gwelsom, sylweddolodd mai anodd gan y bobl oedd deall pregethau, a throdd i'r holwyddoreg er mwyn cyflwyno gwirionedd yr efengyl mewn dull arall. Daeth i weld mai defnydd cyfyngedig oedd i'r holwyddoreg tra bai'r bobl yn methu â darllen, a dechreuodd drefnu ysgolion i symud y rhwystr hwnnw. Er mwyn dysgu darllen yr oedd yn rhaid wrth lyfrau, ac fe ddarparai gyflenwad o'r rhain, naill ai trwy fynd ar ofyn yr SPCK neu drwy eu hysgrifennu ei hun. Trefnai'r ysgolion yn y modd mwyaf effeithiol—yn Gymraeg, yn symud o fan i fan, yn gymharol fyr eu parhad, yn cwrdd yn y gaeaf, yn rhad—i sicrhau fod y disgyblion yn cael crap da ar ddarllen heb ddigalonni'n lân. Gwyddai fod rhaid wrth arian sylweddol i gynnal y rhwydwaith—a gwyddai hefyd y ffyrdd mwyaf tebygol o gael hyd i'r arian hwn. Ei nod oedd cael gwared â phob dim a allai rwystro derbyniad yr efengyl. Deallai fod rhai geiriau hyd yn oed yn annerbyniol: cynghorodd Howel Harris felly, 'pan fyddai un ymadrodd yn peri tramgwydd, i ddefnyddio un arall; onid ydynt yn fodlon clywed "ailenedigaeth", pregetha'r un peth fel "edifeirwch".' Ni laesai ei ddwylo oherwydd yr anawsterau; ni ddigalonnai'n llwyr oherwydd y gwrthwynebiad; ni osodai ddelfryd rhy uchel iddo ei hun chwaith ac yna profi rhwystredigaeth o fethu â'i wireddu. Yn hytrach, 'yr hyn a allod hwn, ef a'i gwnaeth'. Ac fe'i gwnaeth yn ddiwyd ac yn ddygn.[133]

Ffrwyth ffydd oedd yr ymroddiad hwn. Credai'r Beibl; ni allai ymatal rhag gweithredu ar y gwirioneddau a oedd yn gynwysedig yno. Credai Dduw'r Beibl, a gwyddai ei fod yn llwyr ddibynnol ar y Duw hwn. Heb gymorth yr Ysbryd Glân, methai pob ymdrech; rhaid felly oedd gweddïo ar Dduw i lwyddo'r gwaith. Rhaid hefyd oedd gweithredu mewn cariad—gweithredu oherwydd profi cariad Duw yn bersonol, gweithredu oherwydd cariad at Dduw, a gweithredu mewn cariad at bechaduriaid anghenus o'i amgylch. Nid oedd lle i ysbryd oeraidd yng ngwaith Duw. Calon yn llawn cariad, yn hytrach, oedd wrth wraidd pob gweithgarwch gwir Gristnogol. A chanlyniad y gwaith cariadlon hwn oedd llawenydd a boddhad—y llawenydd a'r boddhad o wasanaethu Duw bendigedig ac o weld pechaduriaid yn troi ato. 'Cymaint yw llawenydd bywyd sydd wedi ei gyflwyno'n llwyr i Dduw', meddai, ac ategai hyn droeon lawer yn ei lythyrau.[134]

Ond wedi dweud hyn i gyd, mae'n rhaid ychwanegu fod Griffith Jones yn ei weld ei hun yn llawn gwendidau. Nid dyma ŵr hunanhyderus, llond ei groen. I'r gwrthwyneb: gwelai ei hun yn bechadur, gwyddai fod ei galon yn llawn twyll a llygredd. Yn hytrach nag ymddiried yn ei allu neu ei ddoniau, yr oedd wedi dysgu ei amau ei hun. 'Dylem bob amser gadw yn ein meddyliau', meddai, '. . . ryw fath o ddiffyg hyder yn ein nerth ein hunain, ac ystyried pa mor fuan a rhwydd y gallem gael ein baglu gan y temtasiwn gwannaf, pe'n gadewid ni i ni ein hunain.' Yn Nuw, felly, yr oedd ei ymddiriedaeth, ac nid oedd yn barod i fentro ar y gwahanol agweddau ar ei waith ond am ei fod yn ffyddiog y câi gymorth ac arweiniad y Duw hwn. Ei bolisi cyson oedd 'disgwyl wrth Dduw i gyfarwyddo ein llafur, ac i'n cynorthwyo a'n llwyddo ynddo.' 'Mentra wneud pethau mawrion tros Dduw, disgwyl bethau mawrion gan Dduw'—dyna arwyddair William Carey, ac mae'n hollol addas ar gyfer Griffith Jones yntau. Credai fod Duw wedi rhoi gwaith iddo; credai hefyd y byddai Duw yn ei gynorthwyo i'w gyflawni; ac ymroddai hyd eithaf ei allu i'w gyflawni gan ymddiried yn Nuw a disgwyl y fendith ddwyfol ar ei ymdrechion—ymdrechion digon gwael yn ei olwg ei hun. Duw a'i hachubasai, Duw a'i galwasai; ac yr oedd Griffith Jones yn barod i ymddiried yn y Duw hwn tra oedd anadl yn ei ffroenau.[135]

Mae o leiaf un ysgolhaig modern wedi ceisio egluro personoliaeth a gweithgarwch Griffith Jones ym mhob math o dermau ond rhai crefyddol. Economeg, anthropoleg, seicoleg, cymdeithaseg—chwilia'n ddyfal am allwedd yn y meysydd hyn er mwyn dod i ddeall Griffith Jones yn well. Ni ellir gwadu fod peth goleuni arno i'w ganfod o'r cyfeiriadau yma. Ond i Griffith Jones ei hun, i lawer o'i gyfoedion, ac i Gristnogion a ysgrifennodd i'w goffáu, yr oedd yr ateb sylfaenol yn symlach o lawer—ac nid oes yr un rheswm hanesyddol dros wrthod yr ateb hwnnw. Fe'i gwelodd ef ei hun—trwy ras dwyfol—yn blentyn i Dduw. Wedi cael ei achub rhag dinistr tragwyddol, yr oedd yn awyddus i wasanaethu'r Duw a'i hachubasai. Wedi cael ei waredu o dywyllwch ysbrydol, tosturiai wrth y rhai a oedd eto yn y cyflwr hwnnw. A defnyddiai bob cyfrwng o fewn ei allu— pregethu, holwyddori, ysgolion, llenyddiaeth—er mwyn gwasanaethu Duw a goleuo ei gyd-Gymry. Cymhelliad crefyddol a'i sbardunai ar hyd ei yrfa. Ni ellir mo'i ddeall ond yng ngoleuni'r cymhelliad hwnnw.

> Onid crefydd yw bwriad a diben ein bodolaeth . . .? Onid yw o'r pwysigrwydd a'r angenrheidrwydd mwyaf, ac o'r pwys a'r arwyddocâd mwyaf? Onid oes gennym Dduw i'w blesio, enaid i'w achub, cyfrif i'w wneud, nefoedd i'w ceisio, uffern i ffoi rhagddi? Onid crefydd yw'r peth mwyaf buddiol a manteisiol, a hefyd y peth mwyaf llawen a dymunol yn yr holl fyd . . .? Duw a'i Grist, ynghyd â'r Ysbryd Glân, sydd oll yn oll i ni, ffynhonnell dedwyddwch yn dragywydd ac yn ddi-baid.[136]

Cloriannu

Bu farw Griffith Jones ar 8 Ebrill 1761, ac yntau'n 77 oed.
Hyd ddiwedd ei oes, tystiai i ddaioni Duw wrtho—ei gariad,
ei drugaredd, ei ras, ei garedigrwydd, ei gysur. Yn ei ewyllys
gadawodd yr holl arian a oedd wrth gefn ar gyfer yr ysgolion i
Madam Bevan, a bu hi'n gyfrifol amdanynt hyd ei marw
ddeunaw mlynedd wedyn. Parhaodd y gwaith, felly; yn wir,
os rhywbeth bu'r ysgolion hyd yn oed yn fwy llwyddiannus
dan ei gofal hi, o leiaf tan 1774. Ond pan fu hi farw ym 1779
daeth y cyfan i ben. Bu brwydro cyfreithiol hir iawn ynglŷn
â'i hewyllys; ni chliriwyd y cwbl tan 1804, ac er i'w hewyllys
gael ei phrofi'n ddilys yr oedd hi'n rhy hwyr erbyn hynny—yr
oedd yr ysgolion wedi hen ddarfod oherwydd diffyg arian. [137]

Er gwaethaf y siom yma, ni pheidiodd y gwaith o geisio
hyfforddi gwerin Cymru yn y gwirioneddau Cristnogol. O
1785 ymlaen sefydlodd Thomas Charles—a anwyd nepell o
Landdowror ac a fu'n drwm ei ddyled i hen ddisgybl i Griffith
Jones—ysgolion cylchynol yng ngogledd Cymru. Ef hefyd a
fu'n bennaf gyfrifol am ddatblygu'r Ysgol Sul yng Nghymru,
sefydliad a fyddai'n gadael ei ôl yn ddwfn iawn ar fywyd y
genedl. Gyda thwf Methodistiaeth, ac effaith yr adfywiad
ysbrydol ar yr enwadau eraill, daeth eglwysi a chapeli ledled
Cymru yn 'ysgolion' Cristnogol lle y trwythid pobl yn yr
Ysgrythurau, lle y ceid pregethu ar lafar ac mewn print, lle y
rhoddid pob cyfle—i oedolion yn ogystal ag i blant—i drafod
a dadlau, i roi gwybod ac i gael gwybod am y ffydd a
roddwyd unwaith ac am byth i'r saint. Ac i ymdrechion
arloesol Griffith Jones yr oedd y diolch am lawer iawn o hyn i
gyd. [138]

Gallem dybio fod ambell un yn ddigon balch o glywed am ei farwolaeth. Edrychent ymlaen at gael llonydd eto. Gobeithient weld darfod un o'r cyfryngau a hybai Fethodistiaeth bondigrybwyll. Ond galarodd eraill yn ddwys. Yn yr angladd, wylai lliaws yn hidl oherwydd colli 'diwinydd doeth, pregethwr o fri, bugail cariadus, a chyfaill ffyddlon'. Lluniodd Morgan Rhys, yr emynydd, farwnad hyfryd iddo. Wele gychwyn marwnad fwy adnabyddus Pantycelyn:

> *Gymru, deffro! gwisg alarnad,*
> *Tywallt ddagrau yn ddi-oed!*
> *Mae dy golled lawer rhagor*
> *Na feddyliaist eto 'i bod;*
> *Cwympodd seren olau hyfryd,*
> *Hynod ymhlith sêr y ne',*
> *Nes i'r lleill o'r sêr i synnu,*
> *Ac mae t'wyllwch yn ei lle.*

Parhâi'r gwahanol argraffiadau o'i lyfrau i ymddangos ymhell ar ôl ei farwolaeth, gymaint oedd y galw amdanynt. Cafodd le anrhydeddus yn rhifynnau cynnar *Trysorfa Ysbrydol* dan olygyddiaeth Thomas Charles, ac ymddangosodd y *Sketch* o'i fywyd mewn nifer o gyhoeddiadau eraill. Nid oedd amau nad oedd y rhai a safai yn yr un traddodiad efengylaidd yn llawn parch tuag ato ac yn llawn sylweddoli arwyddocâd ei gyfraniad tuag at helaethu terfynau teyrnas Crist yng Nghymru. [139]

Mae haneswyr secwlar hwythau wedi bod yn barod iawn i dalu teyrnged hael i Griffith Jones. Canolbwyntiodd rhai ar ei gyfraniad i ddatblygiad addysg; yn wir, yn eu plith ceir dau Athro Addysg ym Mhrifysgol Cymru, Cyfarwyddwr Efrydiau Allanol ym Mhrifysgol Lerpwl, ac un sydd wedi arbenigo yn hanes addysg yng Nghymru. Cydnabyddant i gyd fod syniadau addysgol Griffith Jones yn ddigon cyfyng. Ond ychwanegant iddo lwyddo i wneud yr hyn a amcanai ei wneud yn hynod o effeithiol. O gofio'r prinder addysg yng Nghymru o'i flaen, a'r oedi mawr a fu ar ôl ei farwolaeth cyn sefydlu cyfundrefn addysg go iawn yng Nghymru, mae'r hyn a gyflawnodd yn rhyfeddol. Cwynodd Williams Pantycelyn ym

1790 fod chwarter poblogaeth de Cymru a thraean poblog-
aeth gogledd Cymru yn dal heb fedru darllen Cymraeg—ond
os yw ei farn yn ddibynadwy ni wna ond tystio cymaint o
lwyddiant fu gwaith Griffith Jones. Gan mlynedd ynghynt,
mae'n amheus iawn a fuasai chwarter poblogaeth y de a
thraean poblogaeth y gogledd yn *medru* darllen Cymraeg.
Trwy ei waith diflino cymerwyd camau breision tuag at
wneud Cymru'n genedl lythrennog.[140]

Ac, fel y pwysleisiodd haneswyr eraill, tuag at wneud
Cymru'n genedl lythrennog *yn Gymraeg*. Rhoddir clod
mawr—a dyledus—i gyfieithu'r Beibl i'r Gymraeg fel modd i
gadw'r iaith yn fyw; ond yr oedd cyfraniad arbennig Griffith
Jones yr un mor arwyddocaol yn hyn o beth. Nid yw cael
Beibl Cymraeg yn werth dim oni fedrir ei ddarllen a'i ddeall.
Yr hyn a wnaeth Griffith Jones oedd helpu sicrhau *fod* y
werin yn ei ddarllen a'i ddeall. Trwy'r ysgolion cylchynol, a
thrwy'r holl lyfrau a ddosbarthai ac a ysgrifennai, cododd do
o ddarllenwyr Cymraeg a fu'n gyfrwng pwysig i achub einioes
yr iaith. Hebddynt, ni fuasai'n werth cyhoeddi llenyddiaeth
Gymraeg. Trwyddynt, sefydlwyd corff o bobl a oedd yn
gyfarwydd ag iaith safonol y Beibl ac a fedrai gyfathrebu i
ryw raddau trwy'r iaith honno. Efallai mai dirywio'n
glytwaith o dafodieithoedd a wnaethai'r Gymraeg oni bai am
waith Griffith Jones. Yn lle hynny, parhaodd yn iaith a oedd
yn gyffredin i Gymru benbaladr—nid yn unig yn iaith lafar yr
aelwyd bellach, ond yn iaith ddarllen o Fôn i Fynwy.[141]

Ac, wrth gwrs, yn iaith crefydd. Nod pennaf Griffith Jones
wrth ddysgu'r werin i ddarllen Cymraeg oedd sicrhau lles eu
heneidiau. 'A ydyw'n beth dymunol gennych chwi i ddysgu
darllen Cymraeg?' yw'r cwestiwn cyntaf yn ei lyfr *Cyngor
Rhad yr Anllythrennog*. A'r ateb? Ydyw, 'er mwyn cyrraedd
gwybodaeth o'r pethau a berthyn i'm heddwch â Duw; pe
buaswn farw heb wybodaeth o'r pethau hyn, pa gyflwr
truenus y buasai fy enaid ynddo, yn ddiobaith o ymwared
byth!' Tystia llythyrau di-rif yn *Welch Piety* i lawer iawn o'r
Cymry gael gobaith yn Nuw wrth ddod i ddarllen y Beibl
Cymraeg. Dyna un canlyniad uniongyrchol—ond nid dyna'r
cyfan: yr oedd bod llawer iawn bellach yn medru darllen y

Beibl Cymraeg yn gymorth amhrisiadwy i'r Methodistiaid wrth iddynt bregethu y tu fewn a'r tu allan i'r eglwysi. Gallai pobl ar y pryd weld y cysylltiad yn ddigon eglur. 'Credaf fod Cymru wedi ei pharatoi'n ardderchog ar gyfer efengyl Crist', ysgrifennodd George Whitefield ym 1739, '. . . mae rhagolygon cysurus iawn ar gyfer ymledu'r efengyl yng Nghymru.' Pam y fath hyder? Am fod llawer o weinidogion rhagorol ymhlith yr Ymneilltuwyr a'r Eglwyswyr 'ymhlith y rhai y disgleiria Mr. Griffith Jones yn arbennig', ac am fod gwaith yr ysgolion yn mynd rhagddo'n llwyddiannus iawn.

'Gellir priodoli dechreuad y Diwygiad i'r ysgolion rhad,' meddai Robert Jones, Rhos-lan, gŵr o safbwynt Method-istaidd cadarn, 'pa rai a fu fel caniad y ceiliog yn arwyddo fod gwawr bore ar ymddangos.' Yr oedd y cysylltiad yn amlwg—ac nid oedd y Methodistiaid cynnar yn brin eu diolch. Wele dystiolaeth Pantycelyn iddo:

> Dyma'r gŵr a dorrodd allan
> Ronyn bach cyn torri'r wawr;
> Had fe heuodd, fe eginodd,
> Fe ddaeth yn gynhaeaf mawr;
> Daeth o'i ôl fedelwyr lawer,
> Braf mor ffrwythlon y mae'r ŷd;
> Nawr mae'r wyntyll gref a'r gogr,
> Yn ei nithio'r hyd y byd. [142]

Daeth newyn am Dduw ac am ei Air i'r amlwg ym mhoblogrwydd anghyffredin ysgolion Griffith Jones. Bu'r ysgolion yn gyfrwng i ddiwallu'r newyn hwn i raddau helaeth; ond cafodd ei ddiwallu'n llawnach fyth yn yr Adfywiad Methodistaidd. A thrwy'r Adfywiad hwnnw newidiwyd nid yn unig unigolion lawer ond maes o law genedl gyfan hefyd. Wele ymgais R. T. Jenkins i egluro canlyniadau'r 'Deffroad Mawr'—ac i roi lle dyledus i Griffith Jones yn y cwbl:

Gafaelodd mewn cenedl fud—gwnaeth hi'n llafar; rhoes ar ei gwefusau iaith goeth y Beibl Tuduraidd hardd y dysgodd Gruffydd Jones a'i ganlynwyr y bobl i'w ddarllen. Gafaelodd mewn cenedl ddifeddwl; dysgodd ddifrifwch iddi . . . Gafaelodd mewn cenedl ysgafn ei llawenydd a'i gofid;

110

ysgydwodd hi i waelodion ei natur; agorodd ei llygaid, meinhaodd ei chlust.[143]

Efallai mai'r llenor yn hytrach na'r hanesydd sy'n siarad gliriaf yn y geiriau hyn; efallai'n wir fod elfen o 'ryddid barddonol' yma; ond wedi cydnabod hynny, mae'n rhaid ychwanegu fod gwreiddyn y mater ganddo.

Mae mwy nag un wedi mynd mor bell â honni mai Griffith Jones oedd Cymro mwyaf y ddeunawfed ganrif; ac er cymaint yr honiad hwn, nid yw'n gwbl ddi-sail o bell ffordd. Ynddo ef mae nifer o nodweddion amlycaf bywyd Cymru yn y ganrif honno yn cydgyfarfod: darpariaeth addysg i'r werin, adfywiad yr iaith Gymraeg, a'r deffroad crefyddol. Ac yn eu tro yr oedd y rhain i gyd i gael effeithiau pellgyrhaeddol ar genedl y Cymry—i raddau helaeth iawn cynnyrch yr elfennau hyn yw'r pethau gorau yn y bywyd Cymreig yr ydym ni'n gyfarwydd ag ef heddiw. Mae'n sicr y byddai Cymru wedi datblygu mewn ffordd dra gwahanol—ac yn ôl pob tebyg, er gwaeth yn hytrach nag er gwell—oni bai am waith gorchestol Griffith Jones. Ac o gofio'r bygythiad sydd eto i'r bywyd Cymreig, da o beth fyddai gweld ei fantell yn disgyn ar rywun tebyg yn ein dyddiau ni.[144]

Ond mae iddo arwyddocâd arbennig hefyd yn hanes y grefydd Gristnogol yng Nghymru. Saif yn ddolen gyswllt yn y gadwyn hir honno o ffyddloniaid efengylaidd sydd wedi cynnal tystiolaeth i'w Gwaredwr yn y wlad hon dros y canrifoedd. O edrych yn ôl, gwelwn y cysylltiadau rhwng ei ysgolion ef ac ysgolion Thomas Gouge, gŵr a ymddiddorodd yng Nghymru wedi darllen am awydd Joseph Alleine, cyfaill Vavasor Powell y Piwritan Cymreig, i efengylu yma. Yr oedd perthynas rhwng teulu'r Philipps, Castell Pictwn, a'r Piwritaniaid hefyd; a Griffith Jones yn etifedd i'r berthynas honno. Ac yr oedd ganddo gysylltiad arall â'r un cyfnod trwy iddo gyflwyno i Gymru waith y Ficer Prichard (gwaith a gyhoeddwyd ynghynt gan Stephen Hughes, cyfaill Thomas Gouge). Yr oedd y gadwyn felly yn ymestyn o genhedlaeth i genhedlaeth—ac ni pheidiodd gyda Griffith Jones. Oherwydd o edrych ymlaen, gwelwn y cysylltiad rhyngddo ef a'r Methodistiaid eu hunain a rhyngddo ef a'r Adfywiad

Methodistaidd a effeithiodd ar yr enwadau eraill yn ogystal. Harris, Rowland, Williams, Charles, a llawer un llai adnabyddus a fu'n athrawon neu'n ddisgyblion yn yr ysgolion—yr oedd y rhain i gyd yn ddyledus iawn mewn rhyw ffordd neu'i gilydd i Griffith Jones. A thrwy eu dylanwad hwy—yn uniongyrchol ac yn anuniongyrchol—parhâi'r gadwyn i ymestyn ymlaen am genedlaethau eto.[145]

Mae'n siwr y buasai Griffith Jones wrth ei fodd yn gweld yr ymestyn hwn. Ond gwasanaethu Duw yn ei genhedlaeth ei hun oedd ei ddyhead sylfaenol. Byddai eraill yn diolch i Dduw am ei godi i sefyll yn y bwlch, i gynnal y dystiolaeth, i baratoi'r ffordd ar gyfer y deffroad ysbrydol a oedd i ddod yn llawn ar ôl ei farwolaeth. Ond ei unig fwriad oedd bod yn ffyddlon yn y gwaith a roddasai Duw iddo. Ni ellir crynhoi sylfaen ei fywyd a'i waith yn well na thrwy ddyfynnu ei eiriau ei hun:[146]

Dylai fod gennym y fath gred yn Nuw ag a fydd yn ein cyffroi ni'n effeithiol i gysegru ein hunain iddo, i rodio yn ei ffyrdd ac i wneud ei ewyllys,—i ymwrthod ag atyniadau'r byd a fyddai'n llwyrfeddiannu ein calonnau a'u tynnu oddi wrtho ef,—i farw i bechod a chwantau cnawdol sy'n gwrthryfela yn ei erbyn,—i ddisgwyl wrth Dduw ac i osod llygaid ein heneidiau yn ddiysgog arno ef,—i'n cyflwyno ein hunain iddo i wneud a fynno â ni,—i ddioddef yn amyneddgar beth bynnag a ordeinia ar ein cyfer,—i gadw ein meddyliau a'n serchiadau yn bur ac yn deyrngar iddo,—i ddangos pob parch ac anrhydedd i'w Enw a'i Air sanctaidd,—i orfoleddu yn y gobaith o faddeuant trwy haeddiant gwaed y Gwaredwr,—i ddwyn yn siriol gywilydd a gwaradwydd croes Crist,—ac i beidio ag arbed dim trafferth na chost i wneud pa ddaioni bynnag a allwn wrth ei efelychu ef, yr hwn a dreuliodd ei nerth ac a roddodd ei fywyd i lawr er mwyn eraill.

Cyfeiriadau

BYRFODDAU

BBGC	*Bwletin y Bwrdd Gwybodau Celtaidd*
CCHMC	*Cylchgrawn Cymdeithas Hanes y Methodistiaid Calfinaidd*
Cavenagh	F. A. Cavenagh, *The Life and Work of Griffith Jones of Llanddowror* (Caerdydd: Gwasg Prifysgol Cymru, 1930)
Evans	John Evans, *Some Account of the Welsh Charity-Schools, and of the Rise and Progress of Methodism in Wales, Through the Means of Them* (Llundain:1752)
Friends	W. Moses Williams, 'The Friends of Griffith Jones: A Study in Educational Philanthropy', *Y Cymmrodor,* XLVI (1939)
Jones	David Jones, *Life and Times of Griffith Jones, sometime Rector of Llanddowror* (Llundain: SPCK & Bangor: Jarvis & Foster, 1902)
Kelly	Thomas Kelly, *Griffith Jones, Llanddowror: Pioneer in Adult Education* (Caerdydd: Gwasg Prifysgol Cymru, 1950)
Letters	Edward Morgan (gol.), *Letters of the Rev. Griffith Jones . . . to Mrs. Bevan . . .* (Llundain: 1832)
LlGC	Llyfrgell Genedlaethol Cymru
Pantycelyn	N. Cynhafal Jones (gol.), *Gweithiau Williams Pantycelyn,* cyf. 1 (Treffynnon: P.M. Evans, 1887)
Sketch	[Henry Philipps], *A Sketch of the Life and Character of the Reverend and Pious Mr. Griffith Jones* (Llundain: 1762)
SPCK Correspondence	Mary Clement (gol.), *Correspondence and Minutes of the SPCK Relating to Wales, 1699-1740* (Caerdydd: Gwasg Prifysgol Cymru, 1952)

T. Carm. A.S.   *Transactions of the Carmarthenshire Antiquarian Society*

WP   Griffith Jones, *Welch Piety* (adroddiadau blyn-yddol, 1740-61). Ymddangosodd mwy nag un adroddiad yn ystod ambell flwyddyn; gwahan-iaethir rhwng y rhain yn y nodiadau trwy osod (i) neu (ii) wrthynt.

1. Jones, 43
2. Gweler Geraint H. Jenkins, *Hanes Cymru yn y Cyfnod Modern Cynnar, 1530-1760* (Caerdydd: Gwasg Prifysgol Cymru, 1983), am gefndir y cyfnod hwn.
3. G. T. Thomas, 'A Short Study in Welsh Genealogy', *Archaeologia Cambrensis*, LXXVIII (1923), 270; J. Geraint Jenkins, *Crefftwyr Gwlad* (Llandysul: Gwasg Gomer, 1971), 22-4.
4. G. T. Thomas, *Archaeologia Cambrensis*, LXXVIII (1923), 270-2; *SPCK Correspondence*, 54; *Sketch*, 3. Am achau Griffith Jones, gweler hefyd M. H. Jones, 'Rev. Griffith Jones, Llanddowror—His Lineage', *T. Carm. A.S.*, XVII (1923-4), 75-6.
5. *Sketch*, 3; dienw, *A Letter to the Reverend Mr George Whitefield . . .* (London: 1750), 9-10; G. T. Thomas, *Archaeologia Cambrensis*, LXXVIII (1923), 270.
6. LlGC, Llsgrau Ottley, 100; *SPCK Correspondence*, 54.
7. Evans, 14; *Sketch,* 4; *Letters,* 382. Am arwyddocâd y 'weledigaeth', gweler W. J. Gruffydd, 'Griffith Jones a'i Eglwys', *Y Llenor*, II (1923), 183.
8. Mary Clement, 'Ciwradiaeth Gyntaf Griffith Jones, Llanddowror', *CCHMC*, XXIX (1944), 76-9.
9. Geraint H. Jenkins, *Literature, Religion, and Society in Wales, 1660-1730* (Caerdydd: Gwasg Prifysgol Cymru, 1978).
10. LlGC, Llsgrau Ottley, 100.
11. Erasmus Saunders, *A View of the State of Religion in the Diocese of St. David's* (1721; ailgyhoeddwyd Caerdydd: Gwasg Prifysgol Cymru, 1949), 37. Gweler hefyd Geraint H. Jenkins, 'Popular Beliefs in Wales from the Restoration to Methodism', *BBGC*, XXVII (1976-8), 440-62.
12. R. Tudur Jones, 'Yr Hen Ymneilltuwyr, 1700-1740', yn Gomer M. Roberts (gol.), *Hanes Methodistiaeth Galfinaidd Cymru I: Y Deffroad Mawr* (Caernarfon: Llyfrfa'r Methodistiaid Calfinaidd, 1973), 13-42.
13. Clement, *CCHMC*, XXIX (1944), 76-9; Kelly, 8-10.
14. *SPCK Correspondence*, 52; Mary Clement, *The SPCK and Wales, 1699-1740* (Llundain: SPCK, 1954), 72.
15. *SPCK Correspondence*, 53, 54, 57.
16. Clement, *SPCK and Wales*, 72-3; *SPCK Correspondence,* 58, 60, 208, 330-3, 62.

17. Evan J. Jones, 'A Letter Concerning Griffith Jones', *BBGC*, X (1939-41), 273-5. Am Dalton a'i deulu, gweler Mary Clement, 'Teulu'r Daltoniaid, Pembre, Sir Gaerfyrddin', *CCHMC*, XXIX (1944), 1-12.

18. *Letters*, 200. Am Syr John, gweler *Friends*, 17-21, a Thomas Shankland, 'Sir John Philipps; the Society for Promoting Christian Knowledge; and the Charity-School Movement in Wales, 1699-1737', *Transactions of the Honourable Society of Cymmrodorion* (1904-5), 74-216.

19. Am yr SPCK, gweler dwy gyfrol Mary Clement, *SPCK and Wales* ac *SPCK Correspondence*.

20. *SPCK Correspondence*, 62-3.

21. Kelly, 20-1.

22. Jones, 66.

23. *Letters*, 125.

24. E. J. Jones, *BBGC*, X (1939-41), 274.

25. LlGC, Llsgrau Ottley, 1627, 139; *SPCK Correspondence*, 72. Am yr Esgob Ottley, gweler G. E. Evans, 'Adam Ottley. Bishop of St. David's, 1713-1723', *T. Carm. A.S.,* XXVIII (1938), 117-30.

26. Evans, 19 (cymharer Ioan Thomas, *Rhad Ras* [1810; ailgyhoeddwyd, gol. J. Dyfnallt Owen, Caerdydd: Gwasg Prifysgol Cymru, 1949], 45); Gruffydd, *Y Llenor*, II (1923), 184; Pantycelyn, 438-9.

27. LlGC, Llsgrau Ottley, 100. Argreffir y llythyr hwn yn *T. Carm. A.S.*, XXIV (1933), 82-9.

28. Pantycelyn, 439; J. H. Davies, 'A Diary of a Journey . . . by Rev. Griffith Jones . . .', *CCHMC*, VII (1922), 10-14. Ceir cynnwys y dyddiadur hefyd yn Cavenagh, 66-9.

29. Evans, 32 (cymharer I. Thomas, *Rhad Ras*, 45); M. H. Jones, 'Griffith Jones, Llanddowror, a'r Methodistiaid', *CCHMC*, IX (1924), 52-3.

30. D. J. Odwyn Jones, *Daniel Rowland, Llangeitho* (Llandysul: Gwasg Gomer, 1938), 15-17; E. D. Jones, 'Y Deffroad yn Llangeitho', yn *Y Deffroad Mawr*, 134-6; Jones, 255-7, 219-20; *Letters*, 153.

31. M. H. Jones, *CCHMC*, IX (1924), 51 (cymharer G. H. Jenkins, *Literature, Religion, and Society*, 23).

32. *Sketch*, 6-10.

33. *WP* 1740, 6; Griffith Jones, *Traethawd ar Edifeirwch . . .*, gol. John Owen (Aberystwyth: J. Cox, 1833), 6-10, 13.

34. G. Jones, *Edifeirwch*, 24, 36, 35; LlGC, Llsgrau Ychwanegol, 24B, 151-2.

35. LlGC, Llsgrau Ychwanegol, 24B, 477, 478, 142-3, 459. Ceir rhagor o bregethau Griffith Jones yn LlGC, Llsgrau Ychwanegol, 85, 770, 4495, a 5920.

36. *Letters*, 22, 98-9, 388; LlGC, Llsgrau Ottley, 100; *WP* 1740, 34/42 (mae gwall yn nhrefn rhai o'r tudalennau yn y ffynhonnell olaf yma: ceir dwy dudalen 34, ac ar yr ail ohonynt—sy'n cymryd lle tudalen 42 —mae'r cyfeiriad perthnasol).

37. Morgan Rhys, *Marwnad neu Fyr Hanes o Fywyd . . . Griffith Jones*

(Caerfyrddin: 1761); *Letters*, 183.

38. *WP* 1740, 16-17.

39. *WP* 1745, 4.

40. G. H. Jenkins, *Literature, Religion, and Society*, 74-84. Gweler hefyd
    L. E. Williams, 'Catecismau: Agwedd Ddiddorol ar Lenyddiaeth
    Cymru', *Trafodion Cymdeithas Hanes Bedyddwyr Cymru* (1958),
    42-54; (1959), 29-37.

41. *WP* 1757, 4-7; 1756, 18; G. Jones, *Llythyr ynghylch . . . Cateceisio*, 12,
    39. Nid anniddorol, efallai, yw nodi mai *Hyfforddwr yn Egwyddorion
    y Grefydd Gristionogol* oedd y teitl a ddewisodd Thomas Charles ar
    gyfer ei gatecism enwog—teitl sy'n adleisio *Institutio* enwocach John
    Calfin. Yr oedd Richard Baxter yntau'n argymell holwyddori'n frwd
    iawn, *The Reformed Pastor* (1656; ailgyhoeddwyd, Caeredin: Banner
    of Truth Trust, 1974), 172-256.

42. *WP* 1740, 1-2

43. *Sketch*, 10-11; *WP* 1740, 66-7.

44. *SPCK Correspondence*, 315, 175, 180-1, 186-7, 191, 192, 193.

45. *WP* 1740, 22-3. Ceir y gwahanol argraffiadau yn LlGC.

46. Evans, 40, 46-7.

47. D. Gwenallt Jones, *Y Ficer Prichard a 'Canwyll y Cymry'* (Caernarfon:
    Cwmni'r Llan a Gwasg yr Eglwys yng Nghymru, [1946]), 65; *WP* 1740,
    16.

48. Gweler R. Tudur Jones, 'The Puritan Contribution', yn Jac L. Williams
    a Gwilym Rees Hughes, *The History of Education in Wales*, cyf. I
    (Abertawe: Christopher Davies, 1978), 28-44.

49. Gweler Mary Clement, 'Eighteenth Century Charity Schools', yn ibid,
    45-69.

50. Ibid, 50, 47; *WP* 1740, 36/44 (gweler y gair o eglurhad yn nodyn 36);
    Clement, *SPCK and Wales*, 17.

51. *Letters*, 272; *WP* 1740, 29; Griffith Jones, *A Further Account of the
    Progress of the Circulating Welsh Charity-Schools* (Llundain, 1740),
    23.

52. *WP* 1740, 37-8; 1746, 14; 1756, 37. Am ei elyniaeth tuag at
    Babyddiaeth, gweler er enghraifft ibid 1747(i), 20; *Letters*, 134.

53. *WP* 1740, 2; Kelly, 27.

54. Kelly, 27-8, 36. Am ysgolion y gogledd yn gyffredinol, gweler R. T.
    Jenkins, 'A Conspectus of Griffith Jones's Schools in North Wales,
    1738-1761', *BBGC*, V (1929-31), 354-79; am rai Sir Fôn, gweler Hugh
    Owen, 'Gruffydd Jones' Circulating Schools in Anglesey', *Transactions
    of the Anglesey Antiquarian Society* (1936), 94-109; am rai Gwent,
    gweler E. T. Davies, *Monmouthshire Schools and Education to 1870*
    (Casnewydd: Starsons, 1957), 54-61. Ceir rhestr gyflawn o'r ysgolion yn
    M. G. Jones, *The Charity School Movement* (1938; ailgyhoeddwyd,
    Llundain: Cass, 1964), 390-407.

55. Kelly, 45-7; David Salmon, 'A Russian Report on Griffith Jones's
    Schools', *T. Carm. A.S.*, XIX (1925-6), 76-8.

56. *WP* 1744, 5-7.
57. *WP* 1740, 3-4; 1752, 21.
58. *WP* 1745, 8; 1743, 2; 1740, 5, 26; 1754, 12; cymharer Owen, *Transactions of the Anglesey Antiquarian Society* (1936), 101.
59. Jones, 160-1.
60. *WP* 1744, 6; 1755(i), 30; *SPCK Correspondence*, 315.
61. Griffith Jones, *A Letter to a Clergyman Evincing the Necessity [of]* . . . *Circulating Charity Schools* (1745), 50; *WP* 1740, 51, 32; 1750, 5. Gweler hefyd R. Tudur Jones, 'Cenedlaetholdeb Cristion', *Y Cylchgrawn Efengylaidd*, IX (1968), 95-6, 113.
62. *WP* 1744, 4; 1747(i), 7; 1740, 39-40/47-48 (gweler y gair o eglurhad yn nodyn 36); G. Jones, *Letter to a Clergyman*, 45.
63. Evans, 43-4, 99; *WP* 1740, 25-6, 66-7. Am hanes un o'r athrawon a'i gysylltiadau Methodistaidd, gweler R.T. Jenkins, 'One of Griffith Jones's Schoolmasters', *BBGC*, VII (1933-5), 394-5. Am helyntion cyffrous un arall, gweler Thomas Rees, *History of Protestant Nonconformity in Wales,* ail argraffiad (Llundain: John Snow, 1883), 373-7.
64. Evans, 96; Jones, 121; M.G. Jones, *Charity Schools*, 308.
65. *WP* 1740, 8; Evans, 122. Ceir manylion am gefnogwyr Griffith Jones— rhai'n wyddonwyr o fri—yn *Friends* ac yn W. Moses Williams, *Selections from the Welch Piety* (Caerdydd: Gwasg Prifysgol Cymru, 1938), 122-8. Ceir gwybodaeth lyfryddiaethol am *Welch Piety* yn Cavenagh, 64-5.
66. *WP* 1740, 3; Jones, 144.
67. *Letters*, 196, 272; *WP* 1740, 23; 1750, 35-6.
68. *Letters*, xviii-xix; *WP* 1757, 26; 1742(i), 76-9.
69. *WP* 1742(i), 2; 1750, 4; Evans, 79.
70. Am gefnogaeth o fewn Eglwys Loegr, gweler *WP* 1755(ii), 5-6.
71. Evans, 86.
72. Ibid, 83; *Friends*, 70-1; Clement, yn *History of Education in Wales,* 67-8.
73. Jones, 89; *Letters*, 321, 393, 151, 155, 76-8, 52, 226.
74. *Letters*, 101, 274-6, 154.
75. *Sketch*, 11; *WP* 1747(i), 20; 1756, 37; 1746, 14.
76. *WP* 1742(i), 36-8; M.G. Jones, *Charity Schools*, 308.
77. *WP* 1742(i), 16; 1747(ii), 52-3.
78. Ibid, 1742(i), 16-17; G. Jones, *Letter to a Clergyman*, 87-8.
79. Ailgyhoeddwyd y rheolau yn Owen, *Transactions of the Anglesey Antiquarian Society* (1936), 97-100; fe'u ceir hefyd, gyda chyfieithiad Saesneg ohonynt, yn Cavenagh, 47-52.
80. Am yr ystadegau, gweler M.G. Jones, *Charity Schools*, 407.
81. Gomer M. Roberts, *Bywyd a Gwaith Peter Williams* (Caerdydd: Gwasg Prifysgol Cymru, 1943), 16-18. Am John Evans, gweler David Salmon, 'John Evans and the Welsh Bible of 1769', *Journal of the Welsh Bibliographical Society*, II (1916-23), 65-71; Cavenagh, 70-2.

82. Evans, 70, 79, 119-21. Nid oedd William Morris, un o Forysiaid enwog Môn, yn gyfaill i Fethodistiaeth, ond gwelai'n glir fod Evans wedi mynd dros ben llestri yn ei ymosodiad ar Griffith Jones, *Friends,* 6-7, 11, 72-3.

83. *WP* 1750, 32-5 (cymharer Cavenagh, 25-7); *WP* 1755(i), 19; *Letters*, 393.

84. *Letters*, 272.

85. *WP* 1750, 11; 1747(i), 4.

86. Clement, *SPCK and Wales*, 26-47, 97.

87. *SPCK Correspondence*, 163, 52; *WP* 1750, 11.

88. *Letters*, 217; *WP* 1740, 6; 1757, 4.

89. *SPCK Correspondence*, 62-3, 67-8, 99, 103, 106, 108, 124, 163, 165, 176, 191; *WP* 1740, 5; G. Jones, *Further Account*, 11.

90. *SPCK Correspondence*, 177, 175, 186, 187, 191. Am ei agwedd at y Llyfr Gweddi, gweler hefyd D. Ambrose Jones, *Griffith Jones, Llanddowror* (Wrecsam: Hughes a'i Fab, 1923), 128.

91. *SPCK Correspondence*, 175, 187, 191, 176, 146, 307, 180, 181; *WP* 1744, 2-3.

92. Ceir rhestr o weithiau Griffith Jones yn M. H. Jones, 'Bibliography of the Works of the Rev. Griffith Jones, Llanddowror', *T. Carm. A.S.*, XVI (1922-3), 8-9.

93. Kelly, 33.

94. Evans, 83, 86; Clement, *SPCK and Wales*, 24; *Friends, passim*; George Whitefield, *Journals* (1738-41; ailgyhoeddwyd, Llundain: Banner of Truth Trust, 1960), 240.

95. Clement, *SPCK and Wales*, 100; Mary Clement, 'Perthynas Mudiad Gruffydd Jones a Chyfodiad Methodistiaeth', yn *Y Deffroad Mawr*, 88; Evans, 84-6; Eifion Evans, 'Daniel Rowland a Methodistiaeth Gynnar Sir Gaerfyrddin', *CCHMC*, XLVIII (1963), 64.

96. *Letters*, 306 ymlaen, 123-4.

97. Ibid, 317, 86-7, 282; *WP* 1740, 7.

98. M. H. Jones, 'Howell Harris a Griffith Jones', *CCHMC*, XXVI (1941), 38-40; Tom Beynon, 'Howell Harris in Carmarthenshire (1740)', yn 'The Trevecka MSS. Supplement (No. 12)', *CCHMC*, XXVI (1941), 480, 483; Jones 253-62. Gweler hefyd 'The Trevecka MSS. Supplement (No. 3)', *CCHMC*, V (1920), 92-7.

99. D. J. O. Jones, *Daniel Rowland*, 15-17; M. H. Jones, 'Daniel Rowland of Llangeitho', *CCHMC*, XII (1927), 59; Evans, 78-9; Jones, 255.

100. Jones, 247; Gomer M. Roberts, *Y Pêr Ganiedydd*, cyf. I. (Aberystwyth: Gwasg Aberystwyth, 1949), 96; Pantycelyn, 438-43.

101. Roberts, *Peter Williams*, 13, 18; Jones, 247; I. Thomas, *Rhad Ras*, 45-66; Thomas Jones (gol.), *Cofiant . . . Thomas Charles* (Bala: 1816), 6.

102. *Friends*, 20, 3, 61-3, 34; Kelly, 31; R. T. Jenkins, *Hanes Cymru yn y Ddeunawfed Ganrif* (Caerdydd: Gwasg Prifysgol Cymru, 1928), 39. Dau ddisgybl i Francke a fu'n arloesi yn Tranquebar ar ran y genhadaeth a wahoddodd Griffith Jones i fynd yno—gweler Mary

Clement (gol.), *Correspondence and Records of the SPG Relating to Wales, 1701-1750* (Caerdydd: Gwasg Prifysgol Cymru, 1973), 28-9.

103. Evans, 78.
104. *Letters*, 387,159-60, 282; *WP* 1740, 20.
105. G. Jones, *Letter to a Clergyman*, 87-8 (cymharer *WP* 1742(i), 16-17); Jones, 254-5; Tom Beynon, 'Howell Harris in Carmarthenshire (1738-39)', CCHMC, XXVI (1941), 11-12.
106. LlGC 6137D. Ceir y darnau perthnasol yn Gomer M. Roberts, 'Griffith Jones' Opinion of the Methodists', *CCHMC*, XXXV (1950), 54-5.
107. Ibid.
108. Clement, *SPCK and Wales*, 64-5, 98-9.
109. G. Jones, *Further Account*, 22.
110. 'The Trevecka MSS. Supplement (No. 3)', *CCHMC*, V (1920), 93; R. Buick Knox, 'Howell Harris and his Doctrine of the Church', *CCHMC*, XLIX (1964), 73-5; Beynon, *CCHMC*, XXVI (1941), 479, 481; Richard Bennett, 'Dyddlyfr Richard Tibbott', *CCHMC*, II (1916-17), 12-13.
111. 'The Trevecka MSS. Supplement (No. 2)', *CCHMC*, II (1917-18), 80; M. H. Jones, 'Llenyddiaeth Wrth-Fethodistaidd a Dadleuol', *CCHMC*, V (1920), 63; *Sketch*, 22; *Letters*, 209, 211-14; Beynon, *CCHMC*, XXVI (1941), 3.
112. *WP* 1742(i), 12-14; G. Jones, *Further Account*, 7.
113. Jones, 264-5.
114. Ibid, 255-7, 261-2; am agwedd Daniel Rowland, gweler ibid, 255.
115. *SPCK Correspondence*, 55; Jones, 256-7; I. Thomas, *Rhad Ras*, 46 (cymharer *Sketch, passim*); J. P. H. Williams, 'Griffith Jones,Llanddowror. Reputed Portrait', *T. Carm. A.S.*, XXIV (1933), 92.
116. *Sketch*, 22, 19; *SPCK Correspondence*, 186; Evans, 94.
117. *SPCK Correspondence*, 189, 190, 243; *Friends*, 29, 40-1, 44, 48; *Letters*, 121, 397.
118. *Sketch*, 19; Clement, *SPCK and Wales*, 88-9, 77; *SPCK Correspondence*, 54; *Letters*, 388.
119. Beynon, *CCHMC*, XXVI (1941), 2, 3, 10, 11, 480, 483; *Letters*, 56-7.
120. *Letters*, 64, 70, 397-8; LlGC 6137D, llythyr 2 Mawrth 1738; I. Thomas, *Rhad Ras*, 47-8, 52. Am Madam Bevan, gweler *Friends*, 24-9.
121. *Sketch*, 12.
122. *Letters*, xxiii, iv, 215; Griffith Jones, *The Platform of Christianity* . . . (Llundain: 1744), iii; *SPCK Correspondence*, 240; Evans, 47.
123. Dienw, *A Second Letter to the Reverend Mr George Whitefield* (Llundain: 1751), 59 ymlaen; Evans, 10; G. Jones, *Platform of Christianity*, xxx-lxxii.
124. *Sketch*, 22-3; *Letters*, 35-49 (cymharer 204-7), 31-2 (cymharer 84, 370); *WP* 1757, 10-11.
125. *Letters*, 32, 397, 63-4; *WP* 1755(i), 5.
126. *WP* 1750, 15; *Letters*, 68, 374-5, 383-4.
127. *Letters*, 82, 100, 372-3; *WP* 1750, 21-2.
128. *Letters*, 373 (cymharer 28-9, 196, 290, 380-2).

129. Ibid, 167; Tom Beynon, 'Howell Harris' Visits to Kidwelly and District (1743-1746)', *CCHMC*, XXV (1940), 20.
130. *Letters*, 126 (cymharer 147, 184, 197), 219; Jones, 228-9.
131. *Letters*, 132-3, 135, 202.
132. *WP* 1740, 12.
133. Beynon, *CCHMC*, XXVI (1941), 480.
134. *Letters*, 49 (cymharer 240-1, 281), 289, 104, 386 (cymharer 66, 79, 175, 379).
135. Ibid, 2, 81.
136. John McLeish, *Evangelical Religion and Popular Education: A Modern Interpretation* (London: Methuen, 1969); *Letters*, 55-6.
137. *Sketch*, 22-3; Kelly, 51-2.
138. D.E. Jenkins, *The Life of the Rev. Thomas Charles* . . . (Dinbych: Llewelyn Jenkins, 1908), I, 552 ymlaen; II, 1 ymlaen.
139. *Sketch,* 24; Pantycelyn, 438; *Trysorfa* [*Ysbrydol*], Llyfr II: Rhif 1 (Mawrth, 1809).
140. Kelly, 53. Yr addysgwyr 'proffesiynol' yw F.A. Cavenagh, W.M. Williams, Thomas Kelly, a Mary Clement.
141. R.T. Jenkins, *Gruffydd Jones, Llanddowror* (Caerdydd: Gwasg Prifysgol Cymru, 1930), 48; Geraint H. Jenkins, *Hen Filwr Dros Grist: Griffith Jones, Llanddowror* ([Caerfyrddin]: Adran Gwasanaethau Diwylliannol Dyfed, 1983), 16-18; Glanmor Williams, *Religion, Language, and Nationality in Wales* (Caerdydd: Gwasg Prifysgol Cymru, 1979), 215.
142. G. Jones, *Cyngor Rhad*, 1; Whitefield, *Journals*, 231; Robert Jones, *Drych yr Amseroedd* (1820: ailgyhoeddwyd, gol. G.M. Ashton, Caerdydd: Gwasg Prifysgol Cymru, 1958), 29; Pantycelyn, 440.
143. R.T. Jenkins, *Hanes Cymru yn y Ddeunawfed Ganrif*, 103.
144. Jones, 4; G.H. Jenkins, *Hanes Cymru yn y Cyfnod Modern Cynnar*, 269.
145. *Friends*, 17-18.
146. *Letters*, iii-iv; R. Jones, *Drych yr Amseroedd*, 27; *Letters*, 49-50.